LIBRC

JAPONESA PARA EL DÍA A DÍA

LA COCINA TRADICIONAL JAPONESA EN 100 DELICIOSAS RECETAS

EVELINA LOPEZ

Descargo de responsabilidad

La información contenida en este libro electrónico está destinada a servir como una colección completa de estrategias sobre las que el autor de este libro electrónico ha investigado. Los resúmenes, estrategias, consejos y trucos son solo recomendaciones del autor, y leer este libro electrónico no garantiza que los resultados de uno reflejen exactamente los resultados del autor. El autor del eBook ha realizado todos los esfuerzos razonables para proporcionar información actualizada y precisa a los lectores del eBook. El autor y sus asociados no serán responsables de ningún error u omisión no intencional que pueda encontrarse. El material del eBook puede incluir información de terceros. Los materiales de terceros se componen de opiniones expresadas por sus propietarios. Como tal, el autor del libro electrónico no asume responsabilidad alguna por ningún material u opiniones de terceros.

TABLA DE CONTENIDO

SOPAS Y ENSALADAS

INTRODUCCIÓN

Los japoneses siempre han disfrutado de la atención del mundo, todo gracias a su envidiable variedad de tecnologías. Y su cocina es otra área de gran admiración por muchos, pero no todos conocen la creatividad de la despensa. Bueno, eso está a punto de cambiar porque te recorrerán alrededor de 100 platos de ramen japoneses increíbles y fáciles de hacer en casa. Con esto, finalmente puedes cerrar los ojos y disfrutar del infinito aroma japonés en el aire.

La cocina japonesa incluye principalmente los alimentos tradicionales y territoriales de Japón, que se han desarrollado a través de cientos de años de cambios políticos, monetarios y sociales. La cocina tradicional de Japón depende del arroz con sopa de miso y diferentes platos; hay una acentuación en los ingredientes de temporada.

DESAYUNO

1. tortilla de ramen

Porciones: 6

Ingredientes

- 2 paquetes (3 oz.) de fideos ramen, cocidos
- 6 huevos
- 1 pimiento rojo picado
- 1 zanahoria grande, rallada
- 1/2 taza de queso parmesano, rallado

Direcciones

a) Obtenga un tazón para mezclar: mezcle los huevos con 1 paquete de condimento para ramen.

b) Agregue los fideos, el pimiento y la zanahoria. Mézclalos bien.

c) Antes de hacer cualquier otra cosa, precaliente el horno a 356 F.

d) Engrasa un molde para muffins con un poco de mantequilla o aceite en aerosol. Vierta la masa en los moldes.

e) Cubra los muffins con el queso parmesano. Cocina los muffins en el horno durante 16 minutos. Sírvelos calientes. Disfrutar.

2. Huevos marinados para ramen

Porciones: 1

Ingredientes

- 6 huevos
- 1 cucharada de vinagre de arroz
- 2 cucharadas de salsa de soya
- 1 cucharadita de azúcar
- 1/2 cucharaditas de aceite de sésamo

Direcciones

a) Coloca una olla a fuego medio. Colocar en ella los huevos y cubrirlos con agua. Cocínalos hasta que empiecen a hervir.

b) Apaga el fuego y pon la tapa. Deja reposar los huevos durante 10 minutos. Pasado el tiempo escurrimos los huevos y los colocamos en un bol. Cúbralos con un poco de agua fría y déjelos reposar durante 6 minutos. Pelarlos y colocarlos a un lado.

c) Consigue una cacerola pequeña y pesada: bate el vinagre, la salsa de soya, el azúcar y el aceite de sésamo para hacer la marinada.

d) Cuécelas a fuego medio hasta que empiecen a hervir. Apague el fuego y coloque la marinada a un lado hasta que se caliente.

e) Coloque los huevos en un tarro de albañil grande y vierta la marinada sobre ellos. Séllelo y colóquelo a un lado para que repose durante 1 día.

f) Una vez que se acabe el tiempo, escurra los huevos y sírvalos con su ramen.

g) Disfrutar.

3. Huevos bento ramen

Porciones: 4

Ingredientes

- 6 huevos grandes
- 1 cucharada de bicarbonato de sodio
- Salsa de condimentos
- $\frac{1}{4}$ taza Motivo
- $\frac{1}{4}$ taza de base de sopa con sabor a Mizkan Bonito o cualquier base de sopa
- 5 cucharadas de salsa de soja
- 4 cucharadas de mirin

Instrucciones

a) En una cacerola pequeña, vierta agua, agregue el bicarbonato de sodio y deje hervir. Agregue los huevos y cocine por 10 minutos cuando el agua hierva.

b) En otra cacerola, agregue todos los ingredientes de la salsa y cocine por 5 minutos. Apague el fuego y siéntelo para que se enfríe.

c) Cuando el huevo esté listo, retíralo y enfríalo con hielo. Agriete y pele la cáscara, colóquela en un recipiente

d) Vierta la salsa enfriada sobre los huevos, asegurándose de que los huevos estén completamente sumergidos en la salsa. Déjalo en el refrigerador durante la noche.

e) Cuando esté listo, retíralo del refrigerador, córtalo por la mitad y sírvelo.

4. Okonomiyaki de Hiroshima

Porciones: 2

Ingredientes:

- Agua, dos cucharadas
- huevos, tres
- Tocino, seis tiras
- Repollo, 150g
- Harina de okonomiyaki, media taza
- Salsa okonomiyaki, dos cucharadas
- Hojuelas de bonito, según sea necesario
- Fideos yakisoba, dos tazas
- Jengibre en escabeche, una cucharadita
- Alga Aonori, la necesaria

Método:

a) Mezcla la harina de okonomiyaki con el agua y un huevo hasta obtener una masa homogénea y sin grumos.

b) Agregue un poco menos de la mitad de la masa a una sartén en un círculo uniforme y agradable.

c) Agregue la mitad del repollo y la mitad de los brotes de soja encima de la masa y luego el tocino.

d) Vierta una cucharada de la masa en la parte superior de la mezcla y deje cocinar durante unos diez minutos antes de voltear.

e) cocina una porción de yakisoba y mueve el okonomiyaki encima de los fideos.

f) Casca un huevo en un tazón y rompe la yema antes de verter la primera sartén al costado del okonomiyaki.

g) Colocar el okonomiyaki sobre el huevo y dejar cocer durante dos minutos.

h) Adorne y sirva.

APERITIVOS Y SNACKS

5. Galletas de fideos con menta

Porciones: 24

Ingredientes

- 4 paquetes (3 oz.) de fideos ramen, sin cocer
- 1 bolsa (16 oz.) de chispas de chocolate amargo
- 12-14 gotas de extracto de menta
- 1-2 gotas de extracto de menta verde
- 1-2 gotas de extracto de gaulteria
- 24 palitos de paleta
- 1/2 cucharaditas de mantequilla (opcional)

Direcciones

a) Rompe los fideos en pedazos y colócalos en un tazón para mezclar. Coloca una olla a fuego lento. Revuelva en él las chispas de chocolate con mantequilla hasta que se derrita.

b) Agregue el extracto de menta. Cocínelos durante 1 minuto. Vierta la mezcla sobre los fideos y mézclelos bien.

c) Use una cucharada grande para colocar la mezcla en forma de galletas en una bandeja para hornear alineada. coloque la sartén en la nevera durante al menos 1 h. Sirve tus galletas con tus ingredientes favoritos.

d) Disfrutar.

6. Anillos de ramen fritos

Porciones: 1

Ingredientes

- Rebozado para Freír, reserve 2 C.
- 1 taza de harina leudante
- 1 cucharadita de sal
- 1/4 cucharaditas de pimienta
- 2 huevos batidos
- 1 taza de cerveza o leche
- Cebollas
- 2 paquetes (3 oz.) de fideos ramen, paquete de aceite reservado, para freír
- 1 cebolla Vidalia grande, anillada

Direcciones

a) Consigue un tazón grande: bate la harina, los huevos, la cerveza, una pizca de sal y pimienta.

b) Obtenga un procesador de alimentos: corte el ramen por la mitad y procéselo hasta que se muele. Añádelo a la masa de harina y mézclalo bien. Triture finamente el otro ramen y colóquelo en un plato poco profundo. Añádele el paquete de condimentos y mézclalos bien.

c) Coloque una sartén grande a fuego medio. Llene 3/4 de pulgada con aceite y caliéntelo.

d) Cubra los aros de cebolla con la masa de harina y sumérjalos en la mezcla de fideos triturados. Colócalas en el aceite caliente y cocínalas hasta que se doren.

e) Sirve tus aros de cebolla con tu dip favorito.

f) Disfrutar.

7. Falso pizza ramen de pepperoni

Porciones: 6

Ingredientes

- 1 paquete (3 oz.) de fideos ramen, de cualquier sabor
- 1 cucharada de aceite de oliva
- 1 (14 oz.) frascos de salsa de espagueti
- 1 taza de queso mozzarella bajo en grasa, rallado
- 3 onzas. pepperoni de pavo
- 1/2 cucharaditas de orégano seco

Direcciones

a) Antes de hacer nada, precaliente el asador del horno.

b) Prepare los fideos de acuerdo con las instrucciones del paquete sin el paquete de condimentos. Escurrirlo.

c) Coloque una fuente grande para horno a fuego medio. Calentar el aceite en él. Saltea en él los fideos y presiónalo hasta el fondo durante 2 minutos para hacer la corteza.

d) Vierta la salsa sobre los fideos y cubra con 2 oz. rodajas de pepperoni. Espolvorea el queso encima seguido del pepperoni y el orégano restantes.

e) Transfiera la sartén al horno y cocínelos durante 2 a 3 minutos o hasta que el queso se derrita.

f) Permita que su pizza pierda el calor durante 6 minutos. Servirlo.

g) Disfrutar.

8. Satay de carne de ramen tailandés

Porciones: 4

Ingredientes

Escabeche

- 2 cucharadas de salsa de soya
- 2 cucharadas de jugo de lima
- 1 1/2 cucharaditas de azúcar
- 1 1/2 cucharaditas de jengibre fresco, rallado y pelado
- 1 diente de ajo, rallado (opcional)
- 1/4 cucharaditas de hojuelas de pimiento rojo (opcional)
- 2 libras de filetes de flanco, en rodajas finas contra el grano

Glaseado de ramen de maní

- 1 cucharada de jugo de lima
- 1 cucharadita de azúcar

- 1 cucharadita de jengibre fresco, rallado y pelado
- 1/3 taza de mantequilla de maní cremosa
- 1/3 taza de agua
- 1 cucharada de salsa de soja
- 1/4 cucharaditas de hojuelas de pimiento rojo (opcional)
- 1/4 taza de maní tostado, picado
- 3 cebollas verdes, en rodajas
- aceite vegetal, para parrilla
- 2 paquetes (3 oz.) de fideos ramen, cocidos, sin paquete

Direcciones

a) Coloque 12 brochetas de madera en un poco de agua y déjelas reposar durante 16 minutos. Obtenga una asadera: mezcle 2 cucharadas de salsa de soya y jugo de lima y 1 1/2 cucharaditas de azúcar y jengibre, ajo y/o 1/4 cucharaditas de hojuelas de pimiento rojo opcional para hacer la marinada.

b) Agregue las rebanadas de carne a la marinada y revuélvalas para cubrirlas. Colóquelos a un lado para que reposen durante 12 minutos.

c) Consigue un procesador de alimentos: combina en él 1 cucharada de jugo de lima, 1 cucharadita de azúcar y 1 cucharadita de jengibre con mantequilla de maní y 1/3 taza de agua. Procésalos hasta que queden suaves.

d) Agregue el resto de la salsa de soya y procese nuevamente. Vierta la mezcla en un tazón pequeño para mezclar.

e) Agregue los cacahuetes picados y las cebollas verdes y, opcionalmente, el 1/4 de cucharadita restante de hojuelas de pimiento rojo para hacer la salsa. Antes de hacer nada, precaliente la parrilla y engrásela.

f) Escurra las rebanadas de carne y ensártelas en las brochetas de madera.

Cocine las rebanadas de carne en la parrilla durante 4 a 5 minutos por cada lado.

g) Coloque los fideos en tazones para servir. Rocíe la salsa de maní sobre él y cubra con la carne a la parrilla. Servirlos calientes. Disfrutar.

9. Simulacro de pastel de ramen

Porciones: 4

Ingredientes

- 2 paquetes (3 oz.) de fideos ramen
- 1 libra de carne molida
- 1 lata (15 oz.) de maíz dulce
- 1/2 taza de cebolla picada
- aceite vegetal

Direcciones

a) Antes de hacer nada, precaliente el horno a 350 F.

b) Prepare los fideos de acuerdo con las instrucciones del paquete. Coloque una sartén grande a fuego medio. Calentar un chorrito de aceite en ella. Cocinar en ella la carne con cebolla durante 12 minutos.

c) Extienda la mezcla en el fondo de un molde para hornear engrasado. Cubra con el maíz dulce y los fideos ramen después de escurrirlo.

d) Coloque la cacerola en el horno y cocínela durante 14 a 16 minutos. Servirlo

PLATO PRINCIPAL

10. Sartén de fideos ramen con bistec

Porciones: 2

Ingredientes:

- cebolla, una
- zanahorias, media taza
- Carne molida, media libra
- Aceite de canola, una cucharada
- Salsa de tomate, dos cucharadas
- Sal y pimienta para probar
- Almidón de maíz, una cucharadita
- Caldo de res, una taza
- Sake, una cucharada
- huevo cocido, uno
- salsa Worcestershire, una cucharada

Direcciones:

a) En una sartén grande a fuego medio-alto, caliente el aceite.

b) Agregue el bistec y dore hasta la finalización deseada, aproximadamente cinco minutos por lado para que sea medio, luego transfiéralo a una tabla de cortar y déjelo reposar durante cinco minutos, y luego córtelo.

c) En un tazón pequeño, mezcle la salsa de soya, el ajo, el jugo de lima, la miel y la pimienta de cayena hasta que se mezclen y reserve.

d) Agregue la cebolla, los pimientos y el brócoli a la sartén y cocine hasta que estén tiernos, luego agregue la mezcla de salsa de soya y revuelva hasta que esté completamente cubierto.

e) Agregue los fideos ramen cocidos y el bistec y revuelva hasta que se mezclen.

11. Carbonara de ramen con queso

Porciones: 4

Ingredientes:

- Dashi, una taza
- Aceite de oliva, una cucharada
- rebanadas de tocino, seis
- Sal, la necesaria
- ajo picado, dos
- Perejil, el necesario
- queso parmesano, media taza
- Leche, dos cucharadas
- huevos, dos
- Paquete de ramen, tres

Método:

a) Combina todos los ingredientes.
b) Hervir los fideos según las instrucciones del paquete.
c) Guarde un cuarto de taza de agua de cocción para aflojar la salsa más tarde, si es necesario. Escurra los fideos y revuélvalos con aceite de oliva para que no se peguen.
d) Caliente una sartén mediana a fuego medio. Cocine los trozos de tocino hasta que estén dorados y crujientes. Agregue los fideos a la sartén y mezcle con el tocino hasta que los fideos estén cubiertos con la grasa del tocino.
e) Bate los huevos con un tenedor y mézclalos con el queso parmesano. Vierta la mezcla de huevo y queso en la sartén y mezcle con el tocino y los fideos.

12. ramen de cuatro ingredientes

Porciones: 2

Ingredientes

- 1 paquete (3 oz.) de fideos ramen, de cualquier sabor
- 2 tazas de agua
- 2 cucharadas de mantequilla
- 1/4 taza de leche

Direcciones

a) Coloca una olla a fuego medio y llena la mayor parte con agua. Cocínalo hasta que empiece a hervir.

b) Agregue los fideos y déjelo cocinar durante 4 minutos. deseche el agua y coloque los fideos en una olla vacía.

c) Agregue la leche con la mantequilla y la mezcla de condimentos. Cocínalos durante 3 a 5 minutos a fuego lento hasta que se vuelvan cremosos. Sírvelo tibio. Disfrutar.

13. Lasaña de ramen

Porciones: 4

Ingredientes

- 2 paquetes (3 oz.) de fideos ramen
- 1 libra de carne molida
- 3 huevos
- 2 tazas de queso rallado
- 1 cucharada de cebolla picada

- 1 taza de salsa de espagueti

Direcciones

a) Antes de hacer nada, precaliente el horno a 325 F.

b) Coloque una sartén grande a fuego medio. Cocine en él la carne con 1 paquete de condimentos y cebolla durante 10 minutos.

c) Transfiera la carne a un molde para hornear engrasado. Batir los huevos y cocerlos en la misma sartén hasta que estén hechos.

d) Cubra la carne con 1/2 taza de queso rallado seguido de los huevos cocidos y otra 1/2 taza de queso.

e) Cocine los fideos ramen de acuerdo con las instrucciones del paquete. Escúrrelo y revuélvelo con la salsa de espagueti.

f) Extienda la mezcla por toda la capa de queso. Cubra con el queso restante.

Cuécelo en el horno durante 12 minutos.
sirve tu lasaña caliente. Disfrutar.

14. Ramen de limoncillo con pato

Porciones: 4

Ingredientes

- 5 tazas de agua
- 4 tazas de caldo de pollo
- 2 chiles rojos, sin semillas y cortados a la mitad
- 8 rodajas de jengibre
- 3 cucharadas de jugo de limón
- 3 tallos de limoncillo
- 2 ramitas de cilantro
- 1 pato asado chino, deshuesado y picado
- 4 chalotes, picados
- 150 g de fideos ramen secos
- brotes de soja, para decorar
- chile rojo, para decorar
- cilantro, para decorar

- 3 manojos de bok choy
- sal
- pimienta blanca

Direcciones

a) Coloque una cacerola grande a fuego medio. Agregue el agua con el caldo y llévelos a fuego lento.

b) Machaca la hierba de limón con el cilantro y agrégalos a la olla con la galanga, los chiles y el jugo de limón. Deja que se cocinen durante 22 minutos. Pasado el tiempo, vierte la mezcla en un colador y escúrrela. Revuelva la mezcla escurrida a un lado.

c) Agregue el líquido de drenaje a la cacerola. Agregue la chalota con el pato y cocine por 5 minutos.

d) Prepare los fideos de acuerdo con las Instrucciones en el paquete sin el paquete de condimentos. Agregue el bok choy a la sopa y déjelo cocinar por 6 minutos más.

e) Sirva su sopa caliente con sus ingredientes favoritos.

f) Disfrutar.

15. Fideos sichuan fermentados

Porciones: 2

Ingredientes

Salsa

- 1/2 cucharadas de frijoles negros fermentados
- 2 cucharadas de pasta de frijoles con chile
- 1/2 cucharada de vino Shaoxing o 1/2 cucharada de jerez seco
- 1 cucharadita de salsa de soya
- 1 cucharadita de aceite de sésamo
- 1 cucharadita de azúcar
- 1/2 cucharaditas de pimienta de Sichuan molida

Fideos

- 1 cucharada de aceite de maní o 1 cucharada de aceite vegetal

- 4 onzas. cerdo molido o 4 oz. Carne molida
- 2 cebolletas, partes verdes blancas separadas picadas
- 1 diente de ajo picado
- 1 cucharadita de jengibre fresco, picado
- 3 tazas de caldo de pollo
- 1 libra de tofu, cubos
- 2 paquetes (4 oz.) de fideos ramen, sin el paquete

Direcciones

a) Consigue un tazón pequeño para mezclar: tritura en él los frijoles negros con la pasta de frijoles con chile, el vino de arroz, la salsa de soya, el aceite de sésamo, el azúcar y la pimienta de Sichuan hasta que queden suaves.

b) Coloque una sartén grande a fuego medio. Calentar el aceite en él. Dorar en ella la carne de cerdo durante 3 minutos.

c) Agregue las claras de cebollín, el ajo y el jengibre y cocínelos durante 1 minuto a fuego lento.

d) Agregue la mezcla de frijoles negros con el caldo a la sartén. Cocínalos hasta que empiecen a hervir. Baje el fuego y agregue el tofu. Deja que se cocinen durante 6 minutos.

e) Prepare los fideos de acuerdo con las instrucciones del paquete.

f) Viértalo en tazones para servir y cúbralo con la mezcla de tofu.

g) Sirva sus entrañas de fideos calientes.

h) Disfrutar.

16. Zoodles teriyaki japoneses salteados

Porciones: 4

Ingredientes

- 2 cucharadas de aceite vegetal
- 1 cebolla mediana, en rodajas finas
- 2 calabacines medianos, cortados en tiras finas
- 2 cucharadas de salsa teriyaki
- 1 cucharada de salsa de soja
- 1 cucharada de semillas de sésamo tostadas
- pimienta negro

Direcciones

a) Coloque una sartén grande a fuego medio. Calentar el aceite en él. Agregue la cebolla y cocine por 6 minutos.

b) Agrega los calabacines y cocínalos durante 2 minutos. Agregue los ingredientes restantes y cocínelos durante 6 minutos. Sirve tu salteado de inmediato. Disfrutar.

17. Fideos de caja de almuerzo

Porciones: 1

Ingredientes

- 1 paquete (3 oz.) de fideos ramen
- 1/2 taza de guisantes congelados
- 1 cucharada de mantequilla
- 1 cucharada de queso parmesano

Direcciones

a) Pon a hervir una cacerola grande de agua. Machaca los fideos y revuélvelos en el agua caliente con los guisantes.

b) Cocínalos hasta que empiecen a hervir. Vierta la mezcla en un colador y deseche el agua.

c) Obtenga un tazón para mezclar: mezcle la mezcla de fideos calientes con la mantequilla, el queso parmesano y 1/3 del paquete de condimentos del ramen. Sirva sus tazones de fideos tibios.

d) Disfrutar.

18. Sartén de ramen hawaiano

Porciones: 2

Ingredientes

- 6 onzas. Correo no deseado
- 1 pimiento verde, salteado, picado
- 1/2 taza de cebolla, picada
- 1 paquete (3 oz.) de fideos ramen
- 1 diente de ajo, pelado y cortado en cubitos
- 1/4 cucharaditas de sal
- 1/4 cucharaditas de pimienta negra molida
- 1 cucharada de aceite de oliva
- 1/2 cucharaditas de mantequilla

Direcciones

a) Coloque una cacerola grande a fuego medio. Cuece en ella 2 C. de agua hasta que empiecen a hervir.

b) Coloque en él los fideos sin el paquete de condimentos. Escúrralo y colóquelo a un lado.

c) Coloque una sartén grande a fuego medio. Calentar en ella la mantequilla hasta que se funda con el aceite de oliva. Cocer en ellas la cebolla durante 3 minutos.

d) Agregue el Spam, el pimiento y el ajo. Cocínalos durante 4 minutos.

e) Agregue 1/2 taza del líquido de cocción de los fideos con los fideos escurridos.

f) Déjalo reposar durante 1 minuto y luego sírvelo tibio.

g) Disfrutar.

19. Ramen dulce con tofu

Porciones: 1

Ingredientes

- 1 paquete de fideos ramen con sabor a pollo
- 2 tazas de agua
- 2 cucharadas de aceite vegetal
- 3 rebanadas de tofu, de 1/4 de pulgada de grosor
- 2 tazas de brotes de soja
- 1/2 calabacín pequeño, en rodajas finas
- 2 cebollas verdes, en rodajas
- 1/2 taza de vainas de guisantes verdes dulces
- harina
- sal condimentada
- aceite de sésamo

Direcciones

a) Corta cada trozo de tofu en 3 trozos. Espolvorearlos con un poco de harina. Coloque una sartén grande a fuego medio. Caliente 1 cucharada de aceite en ella.

b) Cocine en él el tofu durante 1 a 2 minutos por cada lado. Escúrralo y colóquelo a un lado. Calentar un chorrito de aceite en la misma sartén. Rehogar en ella las verduras durante 6 minutos. Colóquelos a un lado.

c) Cocina los fideos. Agregue el paquete de condimentos.

d) Coloque una sartén grande a fuego medio. Calentar un chorrito de aceite en ella.

e) Cuece en ella los brotes de soja durante 1 minuto.

f) Coloque los brotes de soja fritos en el fondo de un tazón para servir. Cúbrelo con el ramen, las verduras cocidas y el tofu. Servirlos calientes. Disfrutar.

20. ramen de carne de jengibre

Porciones: 4

Ingredientes

- 14 onzas fideos ramen secos
- 12 onzas. solomillo de ternera, medio congelado para facilitar el corte
- 1 1/2 cuartos de caldo de pollo
- 1 pulgada de raíz de jengibre, en rodajas gruesas
- 2 dientes de ajo, partidos por la mitad
- 2 cucharadas de sake
- 3 cucharadas de shoyu, más
- 1 cucharada de shoyu, para saltear
- 1 bok choy, recortado y finamente rallado
- 2 cucharadas de aceite de maní
- 8 hongos shiitake secos, remojados
- sal marina, al gusto

- pimienta negra molida fresca, al gusto

Direcciones

a) Prepare los fideos de acuerdo con las instrucciones del paquete.

b) Deseche el agua y coloque los fideos a un lado.

c) Cortar la carne de res en rodajas finas.

d) Coloque una cacerola grande a fuego medio. Calienta el caldo en él. Incorporar el jengibre con el ajo y cocerlos durante 12 minutos a fuego lento.

e) Una vez pasado el tiempo, escurre el jengibre con el ajo y deséchalos. Agregue el sake, el shoyu y la sal y la pimienta al caldo.

f) Coloque una sartén grande a fuego medio. Caliente 1 cucharada de aceite en ella. Rehogar en ella el bok choy baby durante 3 minutos. Escúrralo y colóquelo a un lado.

g) Calentar el aceite restante en la misma sartén. Rehogar en ella la ternera con champiñones durante 4 minutos. Revuelva en ellos el shoyu con una pizca de sal y pimienta.

h) Revuelva los fideos en un poco de agua caliente para calentarlos y luego escúrralos. Colóquelo en tazones para servir y luego cúbralo con la carne de res, el shiitake y el bok choy. Vierta el caldo de pollo por todas partes. Sírvelo de inmediato.

i) Disfrutar.

21. rollo de ramen

Porciones: 6

Ingredientes

- 1 1/2 libras de filetes de flanco
- 3 cucharadas de sal para sazonar
- pimienta
- 1 huevo batido
- 1 cucharada de agua
- 1 cucharada de harina
- 1 paquete (3 oz.) de fideos Top Ramen, paquete de palillo desechado
- 2 cucharadas de salsa para bistec

Direcciones

a) Antes de hacer nada, precaliente el horno a 350 F.

b) Coloque 2 bistecs de flanco en una ancha. Aplanarlos con un martillo de cocina.

Sazone los trozos de bistec con McCormick All Seasoning, una pizca de sal y pimienta por ambos lados.

c) Consigue un bol pequeño para mezclar: MEZCLA en él los huevos con agua. Agrega la harina y mézclalos bien.

d) Enjabona la mezcla por todo 1 lado de los trozos de bistec. Rompe el ramen en pedazos y colócalo sobre los pedazos de bistec.

e) Enrolle los filetes sobre el relleno y séllelos con palillos. Coloque los bistecs roulades en una bandeja para hornear engrasada. Cocínelos en el horno durante 42 a 46 minutos.

f) Rocíe la salsa de bistec sobre los rollitos y cocínelos durante 12 minutos más. déjalos reposar durante 12 minutos y luego sírvelos con tus ingredientes favoritos.

22. Ramen de camarones de Luisiana

Porciones: 1

Ingredientes

- 1 paquete (3 oz.) de sopa de fideos ramen con sabor a camarones
- 6 camarones grandes, sin piel ni venas
- 1 cucharada de mantequilla
- 1/4 cucharaditas de ajo en polvo
- 1 cucharadita de sazón criollo
- 1/4 cucharaditas de pimienta negra
- 1/2 cucharaditas de salsa picante

Direcciones

a) Corte los fideos por la mitad y prepárelos de acuerdo con las Instrucciones en el paquete sin el paquete de condimentos.

b) Coloque una sartén grande a fuego medio. Derretir la mantequilla en ella. Sofreír en ella los camarones con ajo en polvo, sazonador criollo y pimienta negra por 6 minutos.

c) Vierta los fideos con 1/4 taza del líquido de cocción en un recipiente para servir.

d) Cúbrelo con los camarones y la salsa picante y luego sírvelo tibio.

e) Disfrutar.

23. Ramen de girasol con vinagreta

Porciones: 8

Ingredientes

Ramen

- 16 onzas. repollo rallado o mezcla de ensalada de col
- 2/3 taza de semillas de girasol
- 1/2 taza de almendras fileteadas
- 3 bolsas de fideos ramen instantáneos con sabor oriental, triturados, sin cocer, paquete guardado
- 1 manojo de cebolla verde, picada

Vinagreta

- 1/2 taza de aceite
- 3 cucharadas de vinagre de vino tinto
- 3 cucharadas de azúcar
- 2 cucharaditas de pimienta

- 3 paquetes de condimentos de fideos ramen instantáneos con sabor oriental

Direcciones

a) Obtenga un tazón grande para mezclar: mezcle los ingredientes de la ensalada.

b) Consigue un tazón pequeño: bate los ingredientes del aderezo.

c) Rocíe el aderezo sobre la ensalada y revuélvalos para cubrirlos. Sírvelo de inmediato.

d) Disfrutar.

24. Shoyu ramen

Porción: 4

Ingredientes:

- Chashu, una taza
- Nitamago, según sea necesario
- Shiitake, según sea necesario
- La-yu, según sea necesario
- Nori, media taza
- Ramen, cuatro paquetes
- Dashi, media taza

Direcciones:

a) En una olla de agua hirviendo con sal, cocine el ramen, revolviendo con pinzas o palillos hasta que esté cocido, aproximadamente un minuto.

b) En una cacerola pequeña a fuego medio, caliente el dashi y el shiitake hasta que apenas hierva a fuego lento.

c) Cocine por un minuto y retire del fuego.

d) Ponga el shiitake a un lado.

e) Agregue el dashi y los fideos al tazón para servir.

f) Cubra con chashu, nitamago, shiitake, cebolla verde, una llovizna de la-yu y nori, si lo desea.

25. miso ramen

Porción: 2

Ingredientes:

- Pasta de miso, 1 cucharada
- Verduras mixtas, 1 taza
- Ramen, 2 paquetes
- Salsa de soja, 1 cucharada

Direcciones:

a) Cocine el ramen y hierva las verduras.

b) Ahora mezcle todos los ingredientes restantes y sirva caliente.

26. Ramen de pollo casero simple

Porción: 2

Ingredientes:

- Pollo, una taza
- Fideos ramen, dos paquetes
- Aceite, una cucharadita
- Sal y pimienta para probar

Direcciones:

a) Cocina el ramen y el pollo.

b) Ahora mezcle todos los demás ingredientes y sirva caliente.

27. ramen vegetariano

Porción: 2

Ingredientes:

- Verduras mixtas, una taza
- Fideos ramen, dos paquetes
- Aceite, una cucharadita
- Sal y pimienta para probar

Direcciones:

a) Cocine el ramen y las verduras.

b) Ahora mezcle todos los demás ingredientes y sirva caliente.

28. Fideos ramen

Porción: 2

Ingredientes:

- Fideos ramen, dos paquetes
- Pasta de miso, dos cucharadas
- Salsa de soya, una cucharada

Direcciones:

a) Mezcle todos los ingredientes y cocine bien durante diez minutos.

b) Tu plato está listo para ser servido.

29. ramen de cerdo

Porción: 2

Ingredientes:

- Carne de cerdo, una taza
- Fideos ramen, dos paquetes
- Aceite, una cucharadita
- Sal y pimienta para probar

Direcciones:

a) Cocine el ramen y la carne de cerdo.
b) Ahora mezcle todos los ingredientes y sirva caliente.

30. ramen instantáneo

Porción: 2

Ingredientes:

- Fideos ramen instantáneos, dos paquetes
- Mezcla instantánea de especias, dos cucharadas
- Agua, tres tazas

Direcciones:

a) Mezcle todos los ingredientes y cocine por diez minutos.

b) Tu plato está listo para ser servido.

31. Ramen de carne molida americana

Porciones: 4

Ingredientes

- 1 libra de carne molida, escurrida
- 3 paquetes (3 oz.) de fideos ramen con sabor a carne de res
- 5 tazas de agua hirviendo
- 1/4-1/2 taza de agua
- 1 lata (16 oz.) de maíz
- 1 lata (16 oz.) de guisantes
- 1/4 taza de salsa de soya
- 1/2 cucharaditas de pimiento rojo molido
- 1 pizca de canela
- 2 cucharaditas de azúcar

Direcciones

a) Coloque una sartén grande a fuego medio. Calentar un chorrito de aceite en ella.

Agregue la carne y cocine por 8 minutos. Colóquelo a un lado.

b) Coloque una cacerola grande a fuego medio. Calentar 5 C. de agua en ella hasta que empiece a hervir. Cocine en él los fideos durante 3 a 4 minutos.

c) Retire los fideos del agua y revuélvalos en la sartén con la carne.

d) Agregue el agua, el maíz, los guisantes, la salsa de soya, el pimiento rojo, la canela, el azúcar y 1 paquete y medio de los condimentos. Mézclelos para cubrir.

e) Deje que se cocinen durante 6 minutos mientras revuelve con frecuencia. Sirve tu sartén de ramen caliente.

32. fideos con kimchee

Porciones: 2

Ingredientes

- 1 1/2 taza de kimchi
- 1 paquete (3 oz.) de fideos ramen instantáneos con sabor oriental
- 1 paquete (12 oz.) de spam, en cubos
- 2 cucharadas de aceite vegetal

Direcciones

a) Cocine los fideos de acuerdo con las instrucciones del paquete. Coloque la sartén a fuego medio. Calentar el aceite en él. Rehogar en ella los trozos de spam durante 3 minutos.

b) Agregue los fideos después de escurrirlos y cocínelos por 3 minutos más.

c) Agregue el kimchee y cocine por 2 minutos. sirve tus fideos tibios.

33. Fideos de miso asado

Porciones: 2

Ingredientes

- 4 huevos grandes, duros
- 1 cucharada de mantequilla sin sal
- 1 taza de maíz dulce
- 1 cucharada de aceite de oliva
- 8 oz. espinacas frescas
- 1 litro de caldo de pollo
- 1 cucharadita de miso rojo
- 6 onzas. fideos ramen
- 6 onzas. pollo cocinado
- 4 cebollas verdes, en rodajas finas
- 1 cucharadita de aceite de ajonjolí tostado, para rociar

Direcciones

a) Coloque una cacerola pequeña a fuego medio. Derretir en ella la mantequilla. Agregue el maíz con una pizca de sal y pimienta y luego caliéntelos. Colóquelo a un lado.

b) Coloque una sartén grande a fuego medio. Calentar el aceite en él. Añádele las espinacas y cocínalas durante 2 minutos. Colóquelo a un lado.

c) Coloque una cacerola grande a fuego medio. Calentar en ella el caldo de pollo hasta que empiece a hervir. Añádele la pasta de miso y mézclalo bien.

d) Agregue los fideos y cocine por 3 minutos. Coloque los fideos en tazones para servir.

e) Cubra con el maíz, las espinacas y el pollo. Decóralo con las cebollas verdes, el aceite de sésamo y los huevos. Servirlos calientes. Disfrutar.

34. ramen con curry tropical

Porciones: 4

Ingredientes

- 2 paquetes (3 oz.) de fideos ramen
- 1 cucharada de aceite vegetal
- 1 cucharadita de hojuelas de pimiento rojo triturado
- 2 dientes de ajo, picados
- 1 taza de repollo rallado
- 1 taza de champiñones mixtos en rodajas finas
- 1 taza de brócoli picado
- 1 cucharada de mantequilla de maní
- 1 cucharada de salsa de soja
- 1 cucharada de azúcar moreno
- 1 taza de leche de coco
- 1 cucharadita de curry en polvo
- 1 cucharadita de sambal oelek

- 1 lima, jugo de
- 1/2 cucharaditas de sal
- 1 cucharada de maní triturado
- 1/4 taza de cilantro picado
- Rodaja de limón ♥

Direcciones

a) Prepare los fideos de acuerdo con las Instrucciones en el paquete sin los paquetes de condimentos. Escurrir los fideos y reservar el líquido de la cocción.

b) Coloque una sartén grande a fuego medio. Calentar el aceite en él. Rehogar en ella el ajo con pimiento rojo durante 40 segundos.

c) Agregue el repollo, los champiñones y el brócoli. Añade las verduras y cocínalas durante 6 minutos. Revuelva los fideos en la sartén y colóquelos a un lado.

d) Coloca otra sartén a fuego medio. Agregue la mantequilla de maní, la salsa de soya, el azúcar moreno, la leche de coco, el curry en polvo, el sambal oelek y la sal. Cocínalos hasta que empiecen a hervir.

e) Agregue los fideos cocidos y las verduras y revuélvalos para cubrirlos. Agregue 1/4 C. del líquido de cocción. Cocínelos hasta que la mezcla se espese. Deje reposar la sartén de ramen durante 6 minutos.

f) Cubra la sartén de ramen con el cilantro y los cacahuetes y sírvalos calientes. Disfrutar.

35. Trago caliente de ramen

Porciones: 2

Ingredientes

- 1 1/2 taza de agua
- 1 cebolla amarilla pequeña, finamente picada
- 1 costilla de apio, finamente picada
- 6 zanahorias baby, en juliana
- 1 paquete (3 oz.) de fideos ramen, partidos
- 1 lata (5 1/2 oz.) de sardinas en salsa de tomate
- 2-3 guiones de salsa picante

Direcciones

a) Coloque una cacerola grande de agua a fuego medio. Agregue el agua, la cebolla, el apio y las zanahorias. Cocínalos durante 12 minutos. Agregue los fideos y cocine durante 3 a 4 minutos.

b) Revuelva las sardinas con tomate y salsa picante en la cacerola. Sírvelo caliente con tus ingredientes favoritos.

36. cena de ramen

Porciones: 1

Ingredientes

- 1 lata (6 oz.) de atún en aceite vegetal
- 1 paquete (3 oz.) de fideos ramen, de cualquier sabor
- 1/2 taza de verduras mixtas congeladas

Direcciones

a) Coloque una sartén grande a fuego medio. Calentar en ella un chorrito de aceite.

b) Cocinar en ella el atún durante 2 a 3 minutos.

c) Prepare los fideos ramen según las instrucciones del paquete con las verduras.

d) Retire los fideos y las verduras del agua y transfiéralos a la sartén. Revuelva en ellos el paquete de condimentos y cocínelos durante 2 a 3 minutos.

e) Sirve tu ramen de atún tibio.

37. Salteado de ramen dulce y picante

Porciones: 4

Ingredientes

- 1 paquete (14 oz.) de tofu extra firme, en cubos
- 8 cucharaditas de salsa de soya
- 2 cucharadas de aceite vegetal
- 8 oz. champiñones shiitake, en rodajas finas
- 2 cucharaditas de salsa de chile asiático
- 3 dientes de ajo, picados
- 1 cucharada de jengibre fresco rallado
- 3 1/2 taza de caldo de pollo bajo en sodio
- 4 paquetes (3 oz.) de fideos ramen, paquetes desechados
- 3 cucharadas de vinagre de sidra
- 2 cucharaditas de azúcar
- 1 bolsa (6 oz.) de espinacas tiernas

Direcciones

a) Use algunas toallas de papel para secar el tofu.

b) Consigue un tazón para mezclar: revuelve el tofu con 2 cucharaditas de salsa de soya.

c) Coloque una sartén grande a fuego medio. Caliente 1 cucharada de aceite en ella. Saltee en él el tofu durante 2 a 3 minutos por cada lado, luego escúrralo y déjelo a un lado.

d) Calentar el resto del aceite en la misma sartén. Rehogar en ella la seta durante 5 minutos. Agregue la salsa de chile, el ajo y el jengibre. Deja que se cocinen durante 40 segundos.

e) Machaca el ramen en pedazos. Revuélvelo en la sartén con el caldo y cocínalo durante 3 minutos o hasta que el ramen esté listo.

f) Agregue 2 cucharadas de salsa de soya, vinagre y azúcar. Agrega las espinacas y cocínalas de 2 a 3 minutos o hasta que se suelten.

g) Dobla el tofu en los fideos y sírvelo tibio.

38. ramen de atún parmesano

Porciones: 1

Ingredientes

- 1 paquete (3 oz.) de fideos ramen con sabor a pollo
- 1 1/2 taza de agua
- 1 atún enlatado (6 oz.)
- 1-3 cucharadas de queso parmesano
- 1 cucharada de mantequilla
- perejil
- pimienta negra

Direcciones

a) Consigue un tazón grande para servir: vierte en él el agua.

b) Triture los fideos y agréguelos al agua con el paquete de condimentos.

c) Colócalo en el microondas y cocínalo durante 5 minutos.

d) Agregue el atún, el queso parmesano, la mantequilla y la pimienta. Sírvelo caliente.

e) Disfrutar.

39. Sartén de bistec ramen

Porciones: 4

Ingredientes

- 1 libra de bistec de punta redonda de res, despojado
- 2 dientes de ajo, picados
- 1 cucharada de aceite de sésamo ligero
- 1/4 cucharaditas de pimienta roja molida
- 1 paquete (3 oz.) de fideos ramen
- 1 paquete (1 lb) de brócoli, zanahorias y castañas de agua
- 1 cucharadita de aceite de sésamo ligero
- 1 (4 1/2 oz.) frascos de champiñones, escurridos
- 1 cucharada de salsa de soja

Direcciones

a) Consigue un recipiente para mezclar: revuelve las tiras de carne, el ajo, una cucharada de aceite de sésamo y la pimienta roja molida.

b) Coloca una olla a fuego medio. Cuece en ella 2 C. de agua hasta que empiece a hervir. Machaca los fideos en 3 porciones.

c) Revuelve en la olla con las verduras y cocínalas hasta que empiecen a hervir. Baje el fuego y cocine por 3 minutos más.

d) Vierta la mezcla en un colador para eliminar el agua. Vuelva a colocar la mezcla de fideos y verduras en la olla.

e) Agregue el paquete de condimentos y revuélvalos bien.

f) Coloque una sartén grande a fuego medio. Caliente 1 cucharadita de aceite de sésamo en él.

g) Cocina en ella las rebanadas de carne de 4 a 5 minutos o hasta que estén cocidas.

h) Revuelve la mezcla de ramen y verduras en la sartén con los champiñones y la salsa de soya. Cocínalos durante 3 minutos más. Sirve tu sartén caliente.

40. Cuencos de ramen teriyaki

Porciones: 6

Ingredientes

- 1 1/2 libras de filetes de salmón, sin piel y sin espinas sal y pimienta negra
- 5 cucharadas de adobo teriyaki
- aceite vegetal, para frotar
- 2 cucharadas de vinagre de vino tinto
- 1/4 taza de salsa de chile dulce
- 6 cucharadas de salsa de pescado asiática
- 3 cucharadas de jengibre fresco, rallado
- 1 libra de fideos soba
- 1 cucharada de gránulos de caldo instantáneo
- 1/2 taza de cebollín, en rodajas finas
- 1 1/2 taza de espinacas

- 1 cucharada de semillas de sésamo, tostadas

Direcciones

a) Espolvorea un poco de sal y pimienta sobre los filetes de salmón.

b) Consigue una bolsa zip lock grande: Combina en ella los filetes de salmón con el adobo teriyaki. Selle la bolsa y sacúdala para cubrirla. Para hacer la salsa de chile:

c) Consigue un tazón pequeño: mezcla el vinagre, la salsa de chile, la salsa de pescado y el jengibre. Colóquelo a un lado.

d) Prepare los fideos de acuerdo con las Instrucciones en el paquete sin el paquete de condimentos.

e) Retire los filetes de salmón de la marinada y cúbralos con un poco de aceite.

f) Coloque una sartén grande a fuego medio y caliéntela. Cuece en ella el filete de salmón de 3 a 4 minutos por cada lado.

g) Agregue la mitad de la marinada de salmón a la sartén y cúbralos con ella.

h) Colóquelos a un lado para que reposen durante 6 minutos.

i) Cortar el salmón en trozos y añadirle las espinacas con una pizca de sal y pimienta. Cocínalos de 2 a 3 minutos.

j) Coloque una cacerola grande a fuego medio. Cocer en ella 6 C. de agua hasta que empiece a hervir. Añádele el caldo en polvo y los trozos de cebolleta blanca.

k) Reduzca el fuego y coloque la olla a un lado para hacer el caldo.

l) Escurra los fideos y colóquelos en tazones para servir. Vierta sobre ella el caldo caliente y cubra con los filetes de salmón. Disfrutar.

41. ramen de chile y coco

Porciones: 1

Ingredientes

- 1 paquete (3 oz.) de fideos ramen
- 2 cucharadas de mantequilla de maní
- 1 cucharadita de salsa de soya baja en sodio
- 1 1/2 cucharaditas de salsa de chile y ajo
- 2-3 cucharadas de agua caliente
- 2 cucharadas de coco rallado endulzado

Adornar

- florete de brócoli
- miseria
- zanahoria rallada

Direcciones

a) Prepare los fideos de acuerdo con las Instrucciones en el paquete y deseche el paquete de condimentos.

b) Consigue un tazón grande para mezclar: bate en él la mantequilla de maní, la mitad del paquete de condimentos, la salsa de soya, la salsa de chile y ajo, 2-3 cucharadas de agua caliente hasta que se vuelva suave.

c) Agregue los fideos al tazón y revuélvalos para cubrirlos. Sirve tus fideos.

d) Disfrutar.

42. Salteado de judías verdes de ramen

Porciones: 6

Ingredientes

- 1 1/2 libras de judías verdes frescas
- 2 paquetes (3 oz.) de fideos ramen
- 1/2 taza de aceite vegetal
- 1/3 taza de almendra tostada
- sal, la necesaria
- pimienta negra, según sea necesario

Direcciones

a) Recorte las judías verdes y córtelas en trozos de 3 a 4 pulgadas. Coloque las judías verdes en una vaporera y cocínelas hasta que se ablanden.

b) Consigue una sartén grande. Agregue el aceite con 1 paquete de condimentos.

c) Aplasta 1 paquete de fideos y revuélvelo en la sartén. Agrega las judías verdes al vapor y cocínalas de 3 a 4 minutos.

d) Ajuste el condimento de su salteado y luego sírvalo tibio.

e) Disfrutar.

43. Shoyu ramen

Porciones: 2

Ingredientes

- 2 pechugas de pollo deshuesadas y sin piel
- 2 cucharadas de aceite de sésamo
- 3 cucharadas de shoyu
- 1 cucharada de vinagre de arroz
- 1 diente de ajo picado
- 2 cucharaditas de miel
- 2 paquetes (3 oz.) de fideos ramen
- 1/3 taza shoyu
- 1/3 taza de vinagre de arroz, sin sazonar
- 2 cucharaditas de jengibre molido
- 2 cucharadas de miel
- 1 pieza de konbu
- 1 taza de brócoli congelado

Direcciones

a) Cortar las pechugas de pollo en trozos del tamaño de un bocado.

b) Coloque una sartén grande a fuego medio. Caliente 3 cucharadas de aceite de sésamo con 3 cucharadas de shoyu, 1 cucharada de vinagre, 1 diente de ajo y 2 cucharaditas de miel. Sin embargo, revuélvelos hasta que estén calientes.

c) Revuelva el pollo en la sartén. Cocínalo de 6 a 8 minutos o hasta que esté listo. Coloque una cacerola grande a fuego medio. Agregue el shoyu restante, el vinagre, el jengibre y la miel. Revuelva suficiente agua para cubrir los fideos.

d) Caliéntelos hasta que la miel se derrita. Agregue las verduras con konbu y llévelas a ebullición.

e) Una vez que se acabe el tiempo, deseche el konbu y agregue los fideos. Cocínalos durante 4 minutos. Coloque el ramen en tazones para servir. Cúbrelo con el pollo dulce y sírvelo tibio.

44. Ramen de brócoli y ostras

Porciones: 4

Ingredientes

- 1 libra de bistec de solomillo de res deshuesado
- 1 cucharada de salsa de soja
- 1 cucharada de jugo de manzana
- 2 cucharaditas de maicena
- 2 paquetes (3 oz.) de fideos ramen con sabor a carne de res
- 4 tazas de agua hirviendo
- 2 cucharadas de aceite de oliva
- 1 cebolla, picada
- 3 tazas de floretes de brócoli congelados, descongelados y escurridos
- 3 cucharadas de salsa de ostras
- 1 cucharada de maicena

Direcciones

a) Coloque el bistec en el congelador hasta que esté parcialmente congelado y luego córtelo en rodajas finas.

b) Consigue un tazón grande: bate la salsa de soya, el jugo de manzana y 2 cucharaditas de maicena. Agregue la carne a la mezcla.

c) Obtenga un tazón grande para mezclar: triture los fideos en pedazos y revuélvalos con 1 paquete de condimentos.

d) Agregue 4 C. de agua al tazón y revuélvalos. Cubra el recipiente y colóquelo a un lado.

e) Coloque una sartén grande a fuego alto. Calentar el aceite en él. Rehogar en ella la carne de vacuno durante 3 minutos. Agrega el brócoli y cocínalo durante 4 minutos.

f) Revuelve la carne en la sartén y cocínala durante 8 a 12 minutos. Consigue un tazón pequeño: bate en él 1 taza del líquido de remojo de ramen, la salsa de ostras y 1 cucharada de maicena.

g) Retire los fideos del agua y revuélvalos en la sartén con la mezcla de ostras. Cocínelos hasta que la sartén de ramen se espese.

45. Ramen japonés crujiente

Porciones: 2

Ingredientes

- 1 paquete de fideos ramen
- 2 tazas de repollo en rodajas finas
- 1 taza de cebolla en rodajas finas
- 2 cucharadas de aceite de cocina, dividido
- 1 cucharadita de jengibre en polvo
- 1 cucharadita de aceite de sésamo
- salsa de soja

Direcciones

a) Cocine los fideos ramen según las instrucciones del paquete. escurrirlo

b) Coloque una sartén grande a fuego medio. Caliente 1 cucharada de aceite en ella. Cocinar en ella la cebolla con col de 4 a 6 minutos.

c) Agregar los fideos con el aceite restante. Cocínalos durante 2 minutos. Revuelva en

d) el resto de los Ingredientes. Cocínalos durante 2 minutos. Sirve tus fideos

e) Disfrutar.

46. ramen toscano

Porciones: 4

Ingredientes

- 1/4 taza de aceite de oliva
- 3 paquetes (3 oz.) de fideos ramen, paquete retirado
- 1/2 pimiento rojo, en rodajas
- 1/4 cebolla roja, en rodajas
- 1 zanahoria pequeña, en rodajas finas
- 3 taza de floretes de brócoli
- 2 cucharaditas de ajo picado
- 1 cucharadita de albahaca
- 4 huevos batidos
- Mezcla de especias
- 1/2 taza de queso parmesano, rallado
- 1/2 taza de crema mitad y mitad
- 1 cucharada de orégano

- 1/2 cucharaditas de sal kosher
- 3/4 cucharaditas de pimentón
- 1/4 cucharaditas de mostaza seca
- 3/4 cucharaditas de hinojo molido
- 3/4 cucharaditas de ajo granulado
- 3/4 cucharaditas de cebolla granulada
- 1/4 cucharaditas de pimienta de cayena
- 1 pizca de azúcar

Direcciones

a) Antes de hacer nada, precaliente el horno a 400 F.

b) Obtenga un tazón grande para mezclar: agregue la mezcla de condimentos con 1/4 taza de aceite de oliva. Mezcle el pimiento rojo, la cebolla roja y los floretes de brócoli en la mezcla.

c) Revuelva 1 cucharadita de ajo picado y albahaca.

d) Vierta la mezcla de verduras en una bandeja para hornear engrasada. Cuécelo en el horno durante 22 minutos.

e) Caliente 4 cuartos de galón de agua en una olla grande a fuego medio. Cocine en él los fideos ramen durante 3 a 4 minutos. Retire los fideos del agua.

f) Obtenga un tazón grande para mezclar: combine en él el huevo batido, el ajo picado, el queso parmesano rallado. Agregue los fideos y revuélvalos para cubrirlos con una pizca de sal y pimienta.

g) Engrasa una cacerola con un poco de mantequilla. Vierta la mezcla de fideos y extiéndala en la sartén para hacer la corteza. Extienda las verduras horneadas sobre la corteza de ramen.

h) Consigue un tazón pequeño: combina en él 3 huevos, el 1/4 taza restante de queso parmesano y 1/2 taza de crema mitad y mitad. Mézclalos bien. Rocíe la mezcla por todas las verduras. Cubra el pastel con un trozo de papel de aluminio. Cuécelo en el horno durante 22 minutos.

i) Una vez transcurrido el tiempo, desecha el papel aluminio. Espolvoree el queso restante encima y cocine el pastel durante 12 minutos más. Sírvelo tibio.

j) Disfrutar.

47. Ramen Seúl

Porciones: 2

Ingredientes

- 1 patata mediana
- 1 paquete de fideos ramen
- 1 cebolla verde, en rodajas (opcional)
- 1 huevo grande, batido

Direcciones

a) Desecha la piel de las patatas y córtalas en dados pequeños.

b) Prepare los fideos de acuerdo con las instrucciones del paquete mientras agrega la papa y agrega 1/4 del agua necesaria a la olla.

c) Revuelva el paquete de condimentos y cocínelos para papa hasta que se ablande.

d) Combine la cebolla verde en la olla y cocine hasta que el ramen esté listo.

Agregue los huevos a la sopa mientras revuelve todo el tiempo hasta que estén cocidos.

e) Sirve tu sopa caliente.

f) Disfrutar.

48. Cazuela de ramen de chile

Porciones: 4

Ingredientes

- 3 paquetes de fideos ramen
- 2 latas (15 oz.) de chili con frijoles
- 1 lata (15 oz.) de tomates cortados en cubitos
- 4-8 onzas Queso rallado

Direcciones

a) Vierta 6 tazas de agua en un molde para hornear de 3 cuartos. Coloque la tapa y colóquelo en el microondas durante 3 a 4 minutos para calentar.

b) Usa un molde para aplastar ligeramente el ramen. Revuelva los fideos en el agua caliente de la cacerola.

c) Ponle la tapa y deja que se cocine en el microondas durante 2 minutos. Revuelva los fideos y cocine por 2 minutos más.

d) Desechar el exceso de agua de la cazuela dejando los fideos en ella.

e) Agregue los tomates con chile y revuélvalos bien.

f) Cocínelos en el microondas a temperatura alta durante 5 minutos más. Cubra la cazuela de ramen con el queso rallado.

g) Ponga la tapa y déjelo reposar durante varios minutos hasta que el queso se derrita.

h) Sirva su cazuela caliente.

i) Disfrutar.

49. Sartén de ramen dulce

Porciones: 6

Ingredientes

- 1 taza de pimiento, picado
- 1/2 cucharaditas de jengibre
- 4 cebollas verdes enteras, en rodajas finas
- 1 lata (20 oz.) de piña, sin escurrir
- 1 libra de pechuga de pollo deshuesada
- aceite
- 2 paquetes (3 oz.) de fideos ramen con sabor a pollo 1/2 taza de salsa agridulce

Direcciones

a) Vierta el jugo de piña en una medida C. Agregue suficiente agua para hacer 2 C. de líquido en total.

b) Cortar la pechuga de pollo en dados de 1 pulgada. Espolvorea sobre ellos jengibre, una pizca de sal y pimienta.

c) Coloque una sartén grande a fuego medio. Calentar un chorrito de aceite en ella. Agregue los paquetes de condimentos del ramen y cocínelos durante 30 segundos.

d) Revuelva la mezcla líquida de piña en la sartén con fideos después de cortarla en pedazos.

e) Cocine la mezcla hasta que empiece a hervir. Baja el fuego y cocínalos durante 4 minutos.

f) Una vez que se acabe el tiempo, revuelva la salsa agridulce, la pimienta, la cebolla y la piña en la sartén. Deja que se cocinen de 4 a 6 minutos o hasta que las verduras estén listas.

g) Sirve tu sartén de ramen dulce caliente.

h) Disfrutar.

50. Sartén de ramen francés

Porciones: 1

Ingredientes

- 2 paquetes (3 oz.) de fideos ramen, de cualquier sabor
- 2 cucharadas de crema agria
- 1 lata (10 1/2 oz.) de crema de champiñones
- 1/2 taza de agua
- 1/2 taza de leche
- 1/4 taza de cebolla picada
- 1/4 taza de cebollas fritas a la francesa
- 1/2 libra de carne molida

Direcciones

a) Antes de hacer nada, precaliente el horno a 375 F.

b) Obtenga un tazón para mezclar: revuelva los fideos con costra, 1 paquete de condimentos, crema agria, sopa (sin diluir), agua, leche y cebolla. Coloque una sartén grande a fuego medio.

c) Cocinar en ella la carne durante 8 minutos. Escúrralo y agréguelo a la mezcla de fideos. Revuelva para cubrir.

d) Verter la mezcla en un molde engrasado. Cuécelo en el horno durante 22 minutos. Cubra la sartén de fideos con la cebolla frita y cocínela durante 12 minutos más en el horno.

e) Cúbrelo con el queso y luego sírvelo tibio.

f) Disfrutar.

51. Sartén de fideos mung bang

Porciones: 1

Ingredientes

- 1 libra de carne molida magra, cocida
- 6 rebanadas de tocino de pavo, picadas
- 2 paquetes (3 oz.) de fideos ramen
- 3 dientes de ajo, picados
- 1 cebolla roja mediana, cortada en cubitos
- 1 repollo mediano, picado
- 3 zanahorias, cortadas en tiras finas de 1 pulgada
- 1 pimiento rojo, cortado en trozos pequeños
- 2-4 cucharadas de salsa de soja ligera
- 3 tazas de brotes de soja
- salsa de soya ligera, al gusto
- hojuelas de pimiento rojo triturado

Direcciones

a) Coloque una sartén grande a fuego medio.

b) Cocine en él el tocino hasta que esté crujiente. Escúrralo y colóquelo a un lado. Mantenga alrededor de 2 cucharadas de grasa de tocino en la sartén.

c) Rehogar en ella el ajo con la cebolla durante 4 minutos. Agregue 2 cucharadas de salsa de soya y las zanahorias.

d) Deja que se cocinen durante 3 minutos. Agregue el pimiento con el repollo y déjelos cocinar por 7 minutos más.

e) Cocine los fideos de acuerdo con las instrucciones del fabricante. Escúrrelo y revuélvelo con un chorrito de aceite de oliva.

f) Revuelva la carne, el tocino y las hojuelas de pimiento rojo triturado en la sartén con las verduras cocidas. Deje que se cocinen durante 4 minutos mientras revuelve con frecuencia.

g) Una vez que se acabe el tiempo, revuelva los brotes de soja y los fideos Ramen en la mezcla de verduras. Déjelos cocinar por 3 minutos más mientras revuelve todo el tiempo.

h) Sirva su sartén de fideos caliente con un poco de salsa picante.

i) Disfrutar.

52. Ramen salteado de pollo

Porciones: 4

Ingredientes

- 4 cucharadas de salsa de soya
- 1 cucharada de maicena
- 1 taza de caldo de pollo
- 1 cucharada de vinagre
- 2 cucharadas de azúcar moreno
- 3 dientes de ajo, picados
- 6-8 onzas de fideos ramen
- 2 cucharadas de aceite de cocina
- ½ libra de pechuga de pollo, picada
- 1 libra de brócoli, floretes
- 2-3 cebollas verdes, picadas
- 2 cucharadas de semillas de sésamo

Direcciones:

1. En un tazón, combine un poco de salsa de soya con almidón de maíz hasta que quede sin grumos.
2. Agregue el caldo de pollo, el vinagre, el ajo y el azúcar moreno, mezcle bien.
3. Agregue los fideos en un recipiente grande y vierta agua caliente sobre ellos y reserve hasta que se ablanden.
4. Mientras tanto, espolvorea un poco de sal y pimienta sobre el pollo.
5. Calentar un wok a fuego medio. Agregue 1 cucharada de aceite de cocina y luego fría el pollo hasta que esté bien cocido. Cuando termine, reserve.
6. Regrese el wok nuevamente al fuego; agregue un poco de aceite de cocina y brócoli. Cocine hasta que se vuelva tierno.
7. Agregue la mezcla de salsa y revuelva para combinar. Cocine durante 1-2 minutos.
8. Ahora, escurre los fideos y ponlos en el wok.

9. Agregue bien la mezcla de pollo cocido.
10. Transfiera a un plato para servir y cubra con cebollas verdes y semillas de sésamo.
11. Servir y disfrutar.

53. palomitas de pollo

Porciones: 2

Ingredientes

- $\frac{1}{2}$ libra de pollo, deshuesado, cortado en trozos aptos para morder
- 1 huevo
- 1 $\frac{1}{2}$ cucharadas de miso
- 3 cucharadas de harina de maíz
- 1-2 tazas de ramen triturado
- Aceite para freír

Salsa teriyaki:

- 1 taza de salsa de soya
- 1 taza de mirin
- 2 cucharadas de vinagre
- 4 cucharadas de azúcar
- 2 cucharadas de harina de maíz
- 3 cucharadas de agua

- Daikon, triturado
- nori rallado
- cebollas verdes, en rodajas

Direcciones:

1. En un tazón, agregue el pollo, el huevo y mezcle bien el miso.
2. Agregue un poco de harina de maíz y revuelva para combinar.
3. Agrega el ramen. Mezcle bien y déjelo a un lado durante 5-10 minutos.
4. Caliente un poco de aceite en una sartén profunda y agregue los trozos de pollo.
5. Freír hasta que estén bien dorados y crujientes por todos lados a fuego medio.
6. Cuando termines, colócalas sobre una toalla de papel.
7. Para hacer la salsa, hay que tomar un bol y agregar todos los ingredientes (excepto la maicena y el agua) y dejar hervir a fuego medio.

8. Disuelva la harina de maíz en agua y agréguela a la salsa revolviendo continuamente hasta que espese.
9. Retire del fuego y sirva con el pollo.
10. Cubra con un poco de nori y cebollas verdes en rodajas.

54. Cazuela De Pollo Y Brócoli

Porciones: 8

Ingredientes

- 2-3 paquetes de fideos ramen
- 1 envase de queso crema
- 5 tazas de leche
- 3 tazas de pollo rostizado, desmenuzado, sin hueso
- $\frac{1}{2}$ libra de brócoli, floretes
- 3 tazas de queso cheddar, rallado

Direcciones:

1. Precaliente su horno a 400 grados F.
2. Extienda la mitad de los fideos ramen en un recipiente para hornear de forma cuadrada.
3. En un tazón, combine el queso crema, la leche y el ramen restante.

4. Rocíe esta mezcla sobre el ramen.
5. Extienda el pollo y el brócoli sobre los fideos.
6. Espolvorea un poco de queso cheddar encima.
7. Hornee durante 30-35 minutos o hasta que los fideos estén bien cocidos.

55. Alitas de ramen de pollo con costra de fideos

Porciones: 2

Ingredientes

- 1 cucharadita de sal
- $\frac{1}{2}$ taza de maicena
- $\frac{1}{4}$ de cucharadita de levadura en polvo
- Para la masa húmeda:
- $\frac{1}{2}$ taza de maicena
- 1 cucharadita de polvo de hornear
- 1 taza de harina para todo uso
- 3 cucharaditas de sal
- $\frac{1}{2}$ taza de agua
- 1/4 taza de salsa de soya
- 1 paquete de especias ramen
- 2 paquetes de ramen, desmoronados
- Aceite para freír

Para la salsa para mojar:

- 2 cucharaditas de sriracha
- 3 cucharadas de vinagre
- 2 cucharadas de cebollines, picados

Direcciones:

1. Combine los ingredientes secos en un tazón y reserve.
2. Ahora, combine los ingredientes húmedos en otro recipiente.
3. Caliente un poco de aceite en una sartén profunda y extienda una toalla de papel en un plato.
4. Ahora, enrolle las alitas de pollo una por una en la masa seca. Sacude el exceso de mezcla y sumérgelos en la masa húmeda.
5. Freír las alitas durante unos 4-5 minutos, o hasta que estén bien cocidas por ambos lados.
6. Coloque las alas en la toalla de papel.

7. Ahora, vuelve a sumergir las alitas cocidas en la masa y enróllalas en el ramen desmenuzado.
8. Freír de nuevo durante 2-3 minutos o hasta que estén crujientes.
9. Ahora, combine la sriracha, el vinagre y las cebolletas en un tazón.
10. Sirve las alitas con la salsa.

56. Fideos De Vientre De Cerdo

Porciones: 4

Ingredientes

- 2 paquetes de fideos ramen
- Sal al gusto
- $\frac{1}{2}$ libra de panceta de cerdo, cortada en rebanadas
- 3 cucharaditas de cinco especias chinas
- Pimienta negra, al gusto
- 2 cucharadas de aceite de cocina
- 2 cucharaditas de aceite de semilla de sésamo
- 3 zanahorias, peladas, en juliana
- 2 tazas de guisantes de nieve
- 3 dientes de ajo, picados
- rodajas de jengibre de 1 pulgada, picadas
- 4 cucharadas de salsa de soya
- 2 cucharadas de miel
- 1 limón, en jugo

- 1 cucharadita de harina de maíz
- 4-5 manantiales de menta picada
- 1 taza de cebollín, en rodajas

Direcciones:

1. Vierta 4 tazas de agua en una cacerola y con 1 cucharadita de sal y deje hervir. Agregue los fideos y cocine por 5 minutos, escurra y reserve.
2. Espolvoree las cinco especias, 3 cucharaditas de sal y pimienta negra sobre la carne de cerdo, mezcle hasta cubrir.
3. Caliente una sartén y agregue un poco de aceite, luego agregue el cerdo y cocine durante 4-5 minutos o hasta que esté bien dorado. Retirar del fuego y poner en un bol, reservar.
4. En la misma sartén, caliente el aceite de sésamo y cocine las zanahorias con los tirabeques. Cocine por 1 minuto.

5. Ahora, agrega el ajo y el jengibre. Saltee durante 1-2 minutos y luego agregue un poco de salsa de soya, miel y jugo de limón. Deja que se cocine hasta que aparezcan algunas burbujas. En un recipiente, mezcle un poco de agua con harina de maíz, agregue a la sartén y revuelva bien.
6. Transfiera la carne de cerdo nuevamente a la sartén y reduzca el fuego.
7. Agregue los fideos y revuelva para combinar. Apaga el fuego.
8. Agregue un poco de menta y cebolla.

57. Ramen de chuleta de cerdo caliente

Porciones: 4

Ingredientes

- 1 libra de chuletas de cerdo
- 4 cucharadas de salsa barbacoa china
- 3 cucharaditas de aceite de maní
- 2 tazas de cebolla verde, en rodajas
- 2-3 dientes de ajo picados
- 1 cucharadita de jengibre picado
- 5 tazas de caldo de pollo
- 3 cucharadas de salsa de soya
- 3 cucharadas de salsa de pescado
- 2 paquetes de fideos ramen, cocidos
- 5 piezas de bok choy, en cuartos
- 1 chile rojo, rebanado
- 8 huevos
- Aceite de cocina

Direcciones:

1. Cepille las chuletas de cerdo con salsa BBQ Chines y déjelas a un lado durante 15-20 minutos.

2. Caliente un poco de aceite de maní en una cacerola a fuego medio y cocine la cebolla, el ajo y el jengibre, cocine por 2-3 minutos.

3. Agregue el caldo, el ajo, la salsa de soya, 2 tazas de agua, las salsas de pescado, el jengibre y el chile rojo. Deja que hierva a fuego lento y agrega el bok choy. Cocine durante 2-3 minutos.

4. Retire del fuego. Establecer lado.

5. Precaliente su parrilla a fuego alto.

6. Rocíe las chuletas de cerdo con un poco de aceite de cocina y colóquelas en la parrilla caliente hasta que se doren.

7. Voltee de un lado y del otro lado durante 3-4 minutos y luego transfiéralos a un plato.

8. Divide el ramen en 4 tazones.

9. Coloque el bok choy sobre los fideos y rocíe con un poco de sopa caliente.
10. Coloca las chuletas de cerdo y decora con cebolla desmenuzada.
11. Cubra con huevos y hojas de cilantro.

58. Cerdo Miso y Ramen

Porciones: 6

Ingredientes

- 2 libras de manitas de cerdo, cortadas en formas redondas de 1 pulgada
- 2 libras de pollo, sin hueso, cortado en tiras
- 2 cucharadas de aceite de cocina
- 1 cebolla, picada
- 8-10 dientes de ajo picados
- rodaja de jengibre de 1 pulgada, picada
- 2 puerros picados
- $\frac{1}{2}$ libra de cebolletas, separadas la parte blanca y la verde, picadas
- 1 taza de champiñones, en rodajas
- 2 libras de lomo de cerdo, picado
- 1 taza de pasta de miso
- $\frac{1}{4}$ taza de shoyu

- $\frac{1}{2}$ cucharada de mirin
- Sal al gusto

Direcciones:

1. Transfiera el cerdo y el pollo en una olla y agregue abundante agua hasta cubrir. Póngalo en un quemador a fuego alto y deje hervir. Retire del fuego cuando esté listo.

2. Caliente un poco de aceite de cocina en una plancha de hierro fundido a fuego alto y cocine las cebollas, el ajo y el jengibre durante unos 15 minutos o hasta que se doren. Dejar de lado.

3. Transfiera los huesos cocidos a una olla con verduras, paleta de cerdo, puerros, claras de cebolletas, champiñones. Rellene con agua fría. Deja que hierva a fuego fuerte durante 20 minutos. Reduzca el fuego y cocine a fuego lento y cubra con una tapa durante 3 horas.

4. Ahora, retire el hombro con una espátula. Y colócalo en un recipiente y refrigera. Vuelva a colocar la tapa en la olla y cocine nuevamente durante 6 a 8 horas.
5. Cuele el caldo y elimine los sólidos. Bate el miso, 3 cucharadas de shoyu y un poco de sal.
6. Triture el cerdo y mézclelo con shoyu y mirin. Sazonar con sal.
7. Sirva un poco de caldo sobre los fideos y cubra con ajo, sésamo y chile quemados.
8. Coloque la carne de cerdo en tazones.
9. Cubra con huevos y otro producto deseado.
10. Disfrutar.

59. Cerdo con sabor a chile y ramen

Porciones: 4

Ingredientes

- 1 libra de filete de cerdo, en rodajas
- 3 cucharadas de salsa picante,
- 4 dientes de ajo, picados
- 1 cucharada de jengibre, rallado
- 3 cucharaditas de aceite de sésamo
- 2 paquetes de fideos ramen, cocidos
- 2 cucharadas de aceite
- 5 tazas de caldo de pollo
- 2 cucharaditas de salsa de soya
- 2 tazas de repollo, picado
- 2 cebollas verdes, en rodajas

Direcciones:

1. Tome un tazón y agregue la carne de cerdo, el ajo, el jengibre, la salsa picante y el aceite de sésamo. Deje reposar durante 30 minutos.
2. En un wok, caliente el aceite y cocine la carne de cerdo durante 2-3 minutos, hasta que se dore. Sáquelo del fuego y apártelo.
3. Agregue un poco de caldo a la olla y hierva durante 1-2 minutos. Sazonar con salsa de soja.
4. Tome 4 tazas y agregue el repollo y los fideos.
5. Agregue la sopa caliente, las rebanadas de cerdo y la cebolla.
6. Rocíe la salsa de chile en la parte superior.
7. Disfrutar.

60. Ramen de cerdo asado

Porciones: 4

Ingredientes

- 2 paquetes de fideos de huevo, cocidos
- 3 cucharadas de aceite de sésamo
- 4 cucharadas de salsa de soya
- 2 cucharadas de salsa de ostras
- 2 cucharadas de vino de arroz
- 2 cucharaditas de miel
- 1 cucharada de aceite vegetal
- 1 cucharadita de ajo picado
- 1 cucharadita de jengibre picado
- 2 cebolletas, cortadas en trozos pequeños
- 5 hongos shiitake, en rodajas
- 1 libra de carne de cerdo, cortada en trozos pequeños

Direcciones:

1. En una olla grande, agregue aceite de sésamo y fideos cocidos, mezcle para combinar y reserve.
2. En un tazón, combine un poco de miel, salsa de soya, salsa de ostras y vino de arroz. Coloque a un lado.
3. Caliente un wok a fuego medio y agregue un poco de aceite de maní con ajo, cebollín y jengibre, cocine por 30 segundos.
4. Agregue los champiñones y cocine por 1-2 minutos.
5. Agregue los fideos con la carne de cerdo. Agregue la mezcla de salsa y mezcle bien para combinar.
6. Transferir a un plato de servir y servir.

61. Ramen de sésamo con sabor a jengibre

Porciones: 8

Ingredientes

- 3 paquetes de Ramen, con especias
- 2 libras de carne de res, cortada en trozos pequeños
- 8 tazas de caldo de pollo o caldo de verduras
- 2 cebollas, en rodajas
- 10-12 dientes de ajo
- ¼ de cucharadita de chile en polvo de cúrcuma
- 1 cucharadita de chile en polvo
- 2 chiles verdes
- 1 cucharadita de sal
- 2 tazas de brócoli, floretes
- 4 cucharadas de mantequilla
- ¼ taza de semillas de sésamo

- 1 cucharada de pasta de jengibre

Direcciones:

1. Agregue la carne, el jengibre, las semillas de sésamo, el caldo de pollo, la sal, el chile en polvo, los chiles verdes, la cúrcuma en polvo, las especias para fideos, la cebolla y el ajo en una olla de cocción lenta y mezcle bien.
2. Deja que se cocine durante 5 horas a fuego lento.
3. Ahora, agregue el brócoli y los fideos, mezcle bien. Cocine nuevamente por 1 hora.
4. Disfrutar.

62. Bistec De Res Ramen Vegetal

Porciones: 4

Ingredientes

- 1 libra de bistec de res, en rodajas finas
- 3 cucharadas de aceite de cocina
- 1 cebolla roja mediana, en rodajas
- 2 cucharaditas de jengibre, rallado
- 2 zanahorias, peladas, cortadas en palitos
- 6-7 maíz tierno, cortado a la mitad
- ½ libra de galletas de azúcar
- 2 tazas de champiñones, en rodajas
- 2 tazas de brócoli, cortado en trozos sabios a lo largo
- 2 paquetes de fideos soba,
- ½ taza de salsa de ostras
- 3 cucharadas de salsa de soya
- 1 taza de caldo de res o agua

- Hojas de cilantro, para servir
- Chile en rodajas, para servir

Direcciones:

1. Caliente 1 cucharada de aceite de cocina en un wok y fría la carne hasta que se dore (en lotes), reserve.
2. Agregue un poco de aceite de cocina al mismo wok y agregue la cebolla con el jengibre, saltee durante 1-2 minutos.
3. Agregue la zanahoria y cocine por 1 minuto.
4. Agregue el maíz, los champiñones, el brócoli y los dulces, los champiñones y fríalos durante 1 minuto.
5. Agregue los fideos y revuelva para combinar, cocine por 1-2 minutos.
6. Regrese la carne nuevamente al wok con todas las salsas y el caldo, mezcle para combinar.

7. Cubra con cilantro y chiles verdes.

8. Disfrutar.

63. Ramen de brócoli y carne

Porciones: 4

Ingredientes

- Raya de 1 libra, en rodajas
- 2 cucharadas de almidón de maíz
- 2 cucharadas de aceite vegetal
- 2 cucharadas de aceite de sésamo
- 4 dientes de ajo, picados
- 1 cucharadita de jengibre picado
- 1/2 taza de salsa de soya
- 1/4 taza de azúcar moreno
- 1 taza de caldo de pollo
- Una pizca de hojuelas de pimienta
- 4 tazas de brócoli, cortado en floretes
- 2 zanahorias, peladas y cortadas en trozos pequeños
- 3 paquetes de ramen, cocidos

- 4 cebollas verdes, en rodajas finas
- $\frac{1}{2}$ taza de semillas de sésamo

Direcciones:

1. Espolvorea un poco de harina de maíz sobre la carne y revuelve para cubrir bien.
2. Caliente un poco de aceite en una sartén y saltee la carne durante 4 minutos por lado. Dejar de lado.
3. En la misma sartén, agregar un poco de aceite de sésamo con ajo y jengibre, sofreír por 1 minuto.
4. Agregue un poco de salsa de soya, hojuelas de pimienta, azúcar y caldo; dejar hervir durante 3 - 5 minutos.
5. Agregar el brócoli con las zanahorias cocinar tapado por 5 minutos.
6. Transfiera la carne nuevamente a la sartén y revuelva para combinar.
7. Agregue los fideos y las cebollas, mezcle bien.

8. Espolvorea semillas de sésamo por encima.

64. Ramen de albóndigas de res

Porciones: 4

Ingredientes

- 3 tazas de carne picada
- 2 cucharadas de salsa de soja
- 1 cucharada de pasta de jengibre
- 1 cucharadita de pasta de ajo
- Sal y pimienta para probar
- $\frac{1}{4}$ taza de cebollas verdes, picadas
- 1 taza de semillas de sésamo
- 1 rebanada de pan
- 2 cucharadas de mantequilla
- 3 paquetes de fideos con especias
- 3 cucharadas de aceite de cocina
- 1 cucharada de aceite vegetal
- 3-4 dientes de ajo picados
- 2 cucharadas de miel

Direcciones:

1. Agregue la carne, la rebanada de pan, la mantequilla, el jengibre, el ajo, la sal y la pimienta a una licuadora, mezcle bien.

2. Transfiera a un tazón y agregue algunas semillas de sésamo. Mezclar bien.

3. Hacer bolitas redondas con la mezcla.

4. Caliente el aceite de cocina en una sartén antiadherente y fría las albóndigas hasta que estén bien cocidas (en lotes). Dejar de lado.

5. Agregue 2-3 tazas de agua a una olla y deje hervir.

6. Agregue un poco de aceite, sal y fideos, deje que se cocine durante 2-3 minutos, escurra y reserve.

7. Caliente el aceite de escariar en un wok y fría el ajo durante 30 segundos.

8. Agregue los fideos, con especias y miel, y revuelva para combinar.

9. Agregue las albóndigas y cubra con la cebolla tierna.

10. Disfrutar.

65. Ramen de carne molida salteada

Porciones: 3

Ingredientes

- 2 tazas de carne picada
- ½ cucharadita de pasta de jengibre
- 2 zanahorias, peladas, en rodajas
- 1 cebolla mediana, en rodajas finas
- 3-4 ajos picados
- Sal y pimienta para probar
- 3 cucharadas de mantequilla
- 3 paquetes de fideos, cocidos
- 3 paquetes de especias para fideos
- 3 cucharadas de aceite de cocina
- 2 cucharadas de vinagre

Direcciones:

1. Caliente un poco de mantequilla en un wok y fría la pasta de jengibre, el ajo con la cebolla hasta que se ablanden.
2. Agregue la carne picada y cocine hasta que ya no esté rosada.
3. Sazone con las especias de fideos, sal, pimienta, vinagre. Mezcle para combinar.
4. Agregue las zanahorias y cocine durante 5-6 minutos.
5. Después de que las zanahorias estén cocidas, agregue los fideos y mezcle bien.
6. Pasar a una fuente y servir caliente.
7. Disfrutar.

66. Cuenco de ramen y pescado con sabor a ajo

Porciones: 2

Ingredientes

- 1 libra de pescado, cortado en trozos pequeños
- 2 cucharadas de salsa de soja
- 2 zanahorias, peladas, en rodajas
- 2 tazas de agua
- Sal y pimienta para probar
- 2 cucharadas de salsa de pescado
- 1 cucharada de salsa de chile
- $\frac{1}{4}$ taza de cebollas tiernas, picadas
- Fideos ramen

Direcciones:

1. Agregue un poco de agua, ajo, zanahorias, todas las salsas, sal y pimienta a una cacerola, deje que hierva bien.

2. Agregue el pescado y los fideos, cocine durante 3-4 minutos.
3. Cuando esté listo, agregue un poco de cebolleta y vierta en tazones para servir.
4. Servir y disfrutar.

67. atun con ramen

Porciones: 1

Ingredientes

- 1 lata de atun
- 1 paquete de fideos
- 1 paquete de especias para fideos
- 2 cucharadas de mantequilla
- $\frac{1}{4}$ cucharadita de sal

Direcciones:

1. Agrega 1 taza de agua y sal a una cacerola, lleva a ebullición.
2. Agregue los fideos y cocine por 2-3 minutos.
3. Al terminar escurrimos toda el agua.
4. Agregue un poco de mantequilla a los fideos y mezcle bien para combinar.
5. Agregue también algunas especias y mezcle bien.

6. Transfiera a una fuente para servir y cubra con atún.

68. Mariscos y ramen cocinados a fuego lento

Porciones: 4

Ingredientes

- 5 tazas de caldo de verduras
- ¼ taza de agua
- 3 paquetes de fideos ramen
- 2 zanahorias, peladas, picadas
- 2 tazas de champiñones, en rodajas
- 3 cebollas verdes, picadas
- 1 manojo de col rizada
- 4 tazas de camarones
- 2-3 grupos de cangrejos de las nieves
- 3 cucharadas de fideos especias
- 1 cucharadita de sal
- ¼ cucharadita de pimienta negra
- 1 cucharadita de aceite vegetal

Direcciones:

1. Agregue los camarones, las zanahorias, los champiñones, los fideos, la col rizada, el aceite, los cangrejos, las cebollas, el caldo, la sal, la pimienta, las especias y el aceite en una olla de cocción lenta.
2. Cubra con una tapa y cocine a alta presión durante 2 horas.
3. Cuando esté listo, sirva con un cucharón en un tazón de sopa y sirva caliente.
4. Disfrutar.

69. Verduras salteadas y ramen

Porciones: 2

Ingredientes

- 4-5 tallos de bok choy, cortados en trozos de 2 pulgadas
- 3 zanahorias, en rodajas
- 2 pimientos verdes, cortados en rodajas finas
- 1 paquete de fideos ramen, cocidos
- 1 taza de brotes de soja frescos
- 1 lata de pepitas de maíz baby, enjuagadas
- 1 taza de rociado y glaseado de teriyaki
- 1 cucharada de aceite vegetal
- 1 taza de agua

Direcciones:

1. Agregue un poco de aceite a una sartén antiadherente y cocine las zanahorias, la pimienta y el bok choy en rodajas durante 3 minutos.
2. Agregue un poco de agua con los brotes de soja y el maíz, cocine durante 3-4 minutos.
3. Ahora, añade el teriyaki y mezcla bien. Cocine a fuego lento durante 4 minutos.
4. Servir y disfrutar.

70. Verduras asadas con ramen

Porciones: 2

Ingredientes

- 2 paquetes de fideos, cocidos
- 2 zanahorias, peladas, en rodajas
- 1 taza de brócoli, floretes
- 2 paquetes de mezcla de especias para fideos
- 3 tallos de apio, recortados
- 1 pimiento rojo, en rodajas
- 1 taza de champiñones, picados
- 1 cebolla, picada
- Sal al gusto
- 1 cucharadita de jengibre picado
- $\frac{1}{4}$ de cucharadita de ajo picado
- 2 cucharadas de aceite vegetal
- 2 cucharadas de vinagre

- 2 cucharadas de salsa de soja

Direcciones:

1. Calienta un poco de aceite en una sartén y fríe la cebolla con la pasta de jengibre y ajo durante 1-2 minutos.
2. Agregue todas las verduras y saltee durante 4-5 minutos.
3. Agregue algunas especias y salsa de soya, mezcle bien para combinar.
4. Agregue unos chorros de agua y cocine tapado durante 6 minutos a fuego lento.
5. Ahora, agregue los fideos y el vinagre, revuelva para combinar.
6. Disfrutar.

71. Ramen vegano fácil

Porciones: 3

Ingredientes

- 2 cucharadas de aceite de sésamo
- 2 huevos, cocidos
- 1 cucharadita de jengibre, rallado
- 4-5 dientes de ajo picados
- 2 cucharadas de salsa de soya
- 4 tazas de caldo de verduras
- 1 taza de hongos shiitake frescos
- 1 $\frac{1}{2}$ tazas de espinacas tiernas
- 2 paquetes de fideos ramen
- 1/4 taza de cebollas verdes, en rodajas
- 2-3 zanahorias, ralladas
- 3 cucharadas de semillas de sésamo

Direcciones:

1. Calienta un poco de aceite en una cacerola y fríe un poco de jengibre y ajo durante 20 segundos.
2. Añadir un poco de caldo de verduras con todas las especias y salsa de soja. Mezclar bien.
3. Agregue todas las verduras (excepto la cebolla verde), revuelva bien.
4. Cocine tapado durante 9-10 minutos a fuego lento.
5. Ahora, agregue los fideos y cocine nuevamente por 3 minutos.
6. Cubra con huevos, semillas de sésamo y cebollas verdes.
7. Atender.

72. Ramen de pimiento rojo y lima

Porciones: 2

Ingredientes

- 4 cucharadas de salsa de soya
- 2 cucharaditas de sambal oelek
- 1 cucharada de miel
- 2 cucharaditas de vinagre de arroz
- 2 cucharaditas de aceite de sésamo
- 4 cucharaditas de jugo de lima
- 1 cucharadita de aceite vegetal
- 2 cucharadas de jengibre, picado
- 1 cebolla, en rodajas
- 1 taza de pimiento rojo, en rodajas
- $\frac{1}{4}$ taza de hojas de cilantro frescas picadas
- 2 manojos grandes de cebollas verdes, picadas

- 2 paquetes de fideos hervidos con especias
- sal para sazonar

Direcciones:

1. Calienta un poco de aceite en una sartén y fríe el jengibre hasta que esté fragante.
2. Agregue el pimiento y saltee durante 4-5 minutos o hasta que esté bien asado.
3. Ahora, agregue todas las especias, sal, salsa de soya y sambal oelek, mezcle bien.
4. Agregue también un poco de cebolla y saltee durante 3-4 minutos.
5. Agregue los fideos, el jugo de lima, la miel, el vinagre y el aceite de sésamo, revuelva para combinar.
6. Transfiera a un plato para servir y cubra con cebollas verdes.

73. yakisoba

Porciones: 4

Ingredientes:

- Salsa de pescado, dos cucharadas
- huevo, uno
- Salsa de soya, media taza
- Arroz japonés cocido, tres tazas
- tomates, dos
- Cilantro, media taza
- Sal y pimienta para probar
- Aceite vegetal, dos cucharadas
- Chiles japoneses, tres
- nueces tostadas, media taza
- Pechuga de pollo, ocho onzas
- cebolla, una
- Cebolletas, media taza
- Ajo picado, una cucharadita

Direcciones:

a) Cuando el wok esté muy caliente, añadir dos cucharaditas de aceite.

b) Cuando el aceite esté caliente, agregue el pollo y cocine a fuego alto hasta que se dore por completo y esté bien cocido.

c) Retire el pollo y reserve, agregue los huevos, una pizca de sal y cocine uno o dos minutos hasta que esté listo.

d) Agregue el aceite restante al wok y agregue la cebolla, las cebolletas y el ajo. Agregue todo el arroz. Agregue la salsa de soja y la salsa de pescado y revuelva para mezclar todos los ingredientes.

e) Siga revolviendo unos minutos y luego agregue el huevo y el pollo nuevamente al wok.

SOPAS Y ENSALADAS

74. Ensalada De Fideos Ramen

Porciones: 1

Ingredientes:

- Repollo y cebolla, una taza
- Semillas de sésamo, una cucharada
- Salsa de soja, una cucharada
- Azúcar, una cucharada
- Vinagre, una cucharada
- Mantequilla, la necesaria
- Fideos ramen, un paquete
- Almendras, las necesarias

Direcciones:

a) Combine el aceite, el vinagre, el azúcar y la salsa de soya en un frasco y agite hasta que el azúcar se disuelva.

b) Derrita la mantequilla en una sartén grande a fuego medio. Mientras la mantequilla se derrite, tritura los fideos ramen mientras aún están dentro del paquete.

c) Retire el paquete de condimentos y deséchelo.

d) Agregue los fideos, las almendras y las semillas de sésamo a la mantequilla derretida en la sartén.

e) Saltee mientras revuelve con frecuencia, hasta que la mezcla de fideos esté dorada.
f) Triture el repollo y combine el repollo y las cebollas en un tazón grande para mezclar. Agregue la mezcla de fideos.
g) Vierta el aderezo sobre la ensalada y mezcle bien para combinar.
h) Servir inmediatamente.

75. Sopa de ramen para bebés

Porciones: 4

Ingredientes

- 2 latas (14 1/2 oz.) de caldo de pollo
- 1/2 libra de bok choy bebé, cortado a la mitad a lo largo
- 2 cebollas verdes, cortadas en trozos de 2 pulgadas
- jengibre fresco, picado
- 1 diente de ajo picado
- 1 1/2 cucharaditas de salsa de soya
- 1 paquete (3 1/2 oz.) de fideos ramen
- 1/4 libra de jamón rebanado
- 4 huevos duros, pelados y cortados en cuartos
- 1 cucharadita de aceite de sésamo

Direcciones

a) Coloca una olla a fuego medio. Agregue el caldo, el bok choy, las cebollas verdes, el jengibre, el ajo y la salsa de soya.

b) Cocine a fuego lento durante 12 minutos. Agregue los fideos a la olla. Deje que la sopa se cocine durante 4 minutos más.

c) Sirve tu sopa caliente con tus ingredientes favoritos. Disfrutar.

76. Sopa de fideos nori

Porciones: 4

Ingredientes

- 1 paquete (8 oz) de fideos soba secos
- 1 taza de caldo dashi preparado
- 1/4 taza de salsa de soya
- 2 cucharadas de mirin
- 1/4 cucharaditas de azúcar blanca
- 2 cucharadas de semillas de sésamo
- 1/2 taza de cebollas verdes picadas
- 1 hoja de nori (alga seca), cortada en tiras finas (opcional)

Direcciones

a) Cocine los fideos de acuerdo con las instrucciones del paquete. Escúrralo y enfríelo con un poco de agua.

b) Coloque una cacerola pequeña a fuego medio. Agregue el dashi, la salsa de soya, el mirin y el azúcar blanco. Cocínalo hasta que empiece a hervir.

c) Apaga el fuego y deja que la mezcla pierda calor durante 27 minutos. Divida las semillas de sésamo con los fideos en tazones para servir y vierta el caldo sobre ellos.

d) Adorne sus tazones de sopa con nori y cebollas verdes.

e) Disfrutar.

77. Ensalada de ramen de manzana

Porciones: 10

Ingredientes

- 12 onzas. floretes de brócoli
- 1 bolsa (12 oz.) de mezcla de ensalada de col y brócoli
- 1/4 taza de semillas de girasol
- 2 paquetes (3 oz.) de fideos ramen
- 3 cucharadas de mantequilla
- 2 cucharadas de aceite de oliva
- 1/4 taza de almendras en rodajas
- 3/4 taza de aceite vegetal
- 1/4 taza de azúcar moreno
- 1/4 taza de vinagre de sidra de manzana
- 1/4 taza de cebolla verde picada

Direcciones

a) Coloque una sartén grande a fuego medio. Calentar el aceite en él.

b) Presiona el ramen con las manos para aplastarlo. Remuévelo en la sartén con las almendras.

c) Cocínelos durante 6 minutos y luego coloque la sartén a un lado.

d) Obtenga un tazón grande para mezclar: mezcle el brócoli, la ensalada de brócoli y los girasoles. Agrega la mezcla de fideos y revuélvelos.

e) Consigue un tazón pequeño: combina en él el aceite vegetal, el azúcar moreno, el vinagre de sidra de manzana y el paquete de condimentos para fideos Ramen para hacer la vinagreta.

f) Rocíe la vinagreta por toda la ensalada y revuélvala para cubrirla. Sirve tu ensalada con las cebollas verdes encima. Disfrutar.

78. sopa ramen de sésamo

Porciones: 4

Ingredientes

- 1 libra de filete redondo, en juliana
- 1 cucharada de aceite de maní
- 1/2 cucharadas de aceite de sésamo
- 1 pulgada de jengibre fresco, finamente rallado
- 2 dientes de ajo, picados
- 1/4-1/2 cucharaditas de hojuelas de pimiento rojo triturado
- 3 tazas de caldo de res
- 2 manojos de cebollines, cortados en cubitos
- 2 cucharadas de vinagre de vino de arroz
- 2 paquetes (3 oz.) de fideos ramen, paquete retirado 1/2 taza de zanahorias pequeñas, ralladas

Direcciones

a) Coloque una sartén grande a fuego medio. Calentar en ella 1/3 de cada uno de los aceites.

b) Sofreír en ella el jengibre, el ajo y los chiles rojos. Cocínelos durante 1 minuto. Agregue 1/3 de las rebanadas de carne. Cocínalos durante 4 minutos. Coloque la mezcla a un lado.

c) Repite el proceso con la carne restante y el aceite hasta que esté hecho. Coloque una cacerola grande a fuego medio. Agregue el caldo, el vinagre y las cebolletas. Cocínalos hasta que empiecen a hervir.

d) Bajar el fuego y cocinar hasta que empiece a hervir. Agregue el ramen y cocínelo durante 4 a 4 minutos o hasta que esté listo.

e) Coloque los fideos en un tazón para servir y luego cúbralos con la carne salteada. Sírvelo tibio.

79. Ensalada de ramen sambal

Porciones: 2

Ingredientes

- 1 paquete (3 oz.) de fideos ramen
- 1 taza de repollo, rallado
- 4 cebolletas, cortadas en trozos de 1 pulgada
- 2-3 zanahorias
- guisantes chinos, en juliana
- 3 cucharadas de mayonesa
- 1/2 cucharaditas de sambal oelek o sriracha
- 1-2 cucharaditas de jugo de limón
- 1/4 taza de maní picado
- cilantro picado

Direcciones

a) Prepara los fideos según las instrucciones del paquete y cocínalos durante 2 minutos. Retíralo del agua y déjalo a un lado para que se escurra.

b) Obtenga un tazón pequeño: bata la mayonesa, el olek de sambal y el jugo de limón para hacer la salsa.

c) Consigue un tazón grande: combina en él el repollo, las zanahorias, las cebolletas, los guisantes, los fideos cocidos, la salsa de mayonesa, una pizca de sal y pimienta. Mézclalos bien.

d) Sirve tu ensalada y disfruta.

80. Crema de ramen y champiñones

Porciones: 4

Ingredientes

- 1 paquete (3 oz.) de fideos ramen con sabor a pollo
- 1 lata (10 3/4 oz.) de crema de champiñones
- 1 lata (3 oz.) de pollo

Direcciones

a) Prepare el ramen de acuerdo con las instrucciones del paquete.

b) Coloque una cacerola grande a fuego medio. Agregue la sopa, el pollo y el condimento. Cocínalos durante 6 minutos.

c) Escurra los fideos y divídalos entre tazones para servir. Vierta la mezcla de sopa sobre ella y sírvala caliente. Disfrutar.

81. Ensalada picante de ramen serrano

Porciones: 2

Ingredientes

- 1 cebolla amarilla, picada
- 2 tomates roma, picados
- 1 chile serrano, picado
- 1 pimiento rojo, asado y pelado, picado mediano
- 1 taza de vegetales mixtos cortados en cubitos
- 2 paquetes (3 oz.) de fideos ramen instantáneos con sabor oriental
- 1 cubito de caldo de verduras
- 1 cucharadita de comino en polvo
- 1 cucharadita de chile rojo en polvo
- 4 cucharadas de salsa de espagueti
- 2 cucharaditas de aceite de canola o 2 cucharaditas de cualquier otro aceite vegetal

Direcciones

a) Coloque una sartén grande a fuego medio. Calentar el aceite en él. Sofreír en ella la cebolla con jitomate y chile serrano por 3 minutos.

b) Agregue un paquete de condimentos y el cubito de caldo Maggi. Agregue las verduras, el comino y 1/2 taza de agua. Cocínalos durante 6 minutos. Agrega la salsa de espagueti y cocínalos durante 6 minutos más.

c) Prepare los fideos de acuerdo con las instrucciones del paquete. Mezcle los fideos con la mezcla de verduras. Sírvelo caliente. Disfrutar.

82. Ensalada ramen de mandarina

Porciones: 6

Ingredientes

- 1 paquete (16 oz.) de mezcla de ensalada de col
- 2 paquetes (3 oz.) de fideos ramen, desmenuzados
- 1 taza de almendras en rodajas
- 1 lata (11 oz.) de mandarinas, escurridas
- 1 taza de semillas de girasol tostadas, sin cáscara
- 1 manojo de cebolla verde, picada
- 1/2 taza de azúcar
- 3/4 taza de aceite vegetal
- 1/3 taza de vinagre blanco
- 2 paquetes de sazonador de ramen

Direcciones

a) Consigue un tazón pequeño: bate el vinagre, el condimento para ramen, el aceite y el azúcar para hacer el aderezo.

b) Obtenga un tazón grande para mezclar: mezcle la mezcla de ensalada de col con fideos, almendras, mandarina, semillas de girasol y cebolla.

c) Rocíe el aderezo sobre ellos y revuélvalos para cubrirlos. Coloque la ensalada en el refrigerador durante 60 minutos y luego sírvala. Disfrutar.

83. Sopa de curry de fideos

Porciones: 4

Ingredientes

- 3 zanahorias, cortadas en trozos pequeños
- 1 cebolla pequeña, cortada en trozos pequeños
- 3 cucharadas de agua
- 1/4 taza de aceite vegetal
- 1/2 taza de harina para todo uso
- 2 cucharadas de harina para todo uso
- 2 cucharadas de polvo de curry rojo
- 5 tazas de caldo de verduras caliente
- 1/4 taza de salsa de soya
- 2 cucharaditas de jarabe de arce
- 8 oz de fideos udon, o más al gusto

Direcciones

a) Consigue un recipiente apto para microondas: Revuelve en él el agua con la zanahoria y la cebolla. pon la tapa y cocínalos a temperatura alta durante 4 minutos y 30 segundos.

b) Coloque una olla de sopa a fuego medio. Calentar el aceite en él. Agregue 1/2 taza más 2 cucharadas de harina y mezcle hasta formar una pasta.

c) Añadir el curry con caldo caliente y cocerlos durante 4 minutos sin dejar de mezclar. Agregue la cebolla y la zanahoria cocidas con salsa de soja y jarabe de arce.

d) Cocine los fideos según las instrucciones del paquete hasta que se ablanden.

e) Cocine la sopa hasta que empiece a hervir. Agregue los fideos y sirva la sopa caliente.

84. Ensalada cremosa de nueces y fideos

Porciones: 4

Ingredientes

- 1 paquete de fideos ramen con sabor a pollo
- 1 taza de apio picado
- 1 lata (8 oz.) de castañas de agua en rodajas, escurridas
- 1 taza de cebolla roja picada
- 1 taza de pimiento verde picado
- 1 taza de guisantes
- 1 taza de mayonesa

Direcciones

a) Machaca los fideos en 4 pedazos. Prepáralas según las instrucciones del paquete.

b) Obtenga un tazón grande para mezclar: escurra los fideos y mézclelos con el apio, las castañas de agua, la cebolla, la pimienta y los guisantes.

c) Consigue un tazón pequeño: bate la mayonesa con 3 paquetes de condimentos. Agréguelos a la ensalada y revuélvalos para cubrirlos. Coloque la ensalada en el refrigerador durante 1 a 2 horas y luego sírvala.

d) Disfrutar.

85. Sopa japonesa de fideos con champiñones

Ingredientes

- 2 oz de champiñón Buna shimeji
- 1 paquete Fideos soba o tus fideos preferidos. Hervido y escurrido según las instrucciones.
- 3 cucharadas de base de sopa mizkan
- 2 huevos cocidos, agrietados y partidos por la mitad
- 1 manojo de col china o lechuga
- 2 taza Agua
- 2 cucharaditas de semillas de sésamo blanco
- cebolletas, picadas

Instrucciones

a) En una cacerola mediana, hierva el agua y agregue la base de sopa y el bok choy y los champiñones. Cocine por 2 minutos.
b) Sirva los fideos cocidos en platos/tazones. Coloque las mitades de huevo y rocíe la sopa sobre él.
c) Adorne con cebolletas y semillas de sésamo
d) Servir con palillos

86. Sopa de fideos con pollo

Porciones: 4

Ingredientes

- 2 cucharadas de aceite de oliva
- 1 $\frac{1}{2}$ tazas de puerros, finalmente picados
- 3 dientes de ajo, picados
- 1 $\frac{1}{2}$ libras de pechuga de pollo, sin hueso, cortada en tiras pequeñas
- 6-7 tazas de caldo de pollo
- Sal y pimienta para probar
- 1-2 paquetes de fideos ramen
- 1 limón mediano, cortado en cuartos
- 1 huevo cocido, si se desea
- 1 cebollín, picado, para decorar

Direcciones:

1. Calentar un poco de aceite en una olla a fuego medio.
2. Agregue los puerros y el ajo, saltee hasta que los ingredientes estén cocidos y suaves al revolver.
3. Agregue las tiras de pollo y cocine durante unos 4-5 minutos.
4. Agregue un poco de caldo de pollo, sal y pimienta, y deje hervir. Reduzca el fuego y cocine a fuego lento la sopa durante 10-12 minutos.
5. Ahora, agregue los fideos y cocine hasta que estén firmes.
6. Retire del fuego y agregue un poco de jugo de limón.
7. Divida la sopa entre 3-4 tazones.
8. Cubra con algunas cebolletas y huevo.
9. Servir y disfrutar.

87. Ensalada De Fideos De Pollo Ramen

Porciones: 4

Ingredientes

- $\frac{1}{2}$ libra de pollo, cocido y picado
- 4-5 tazas de repollo, rallado
- 3-4 zanahorias, peladas, ralladas
- 2 paquetes de fideos ramen con sabor a pollo
- 1 taza de cebolla verde, picada
- $\frac{1}{4}$ taza de almendras, tostadas, rebanadas
- $\frac{1}{4}$ taza de semillas de sésamo
- $\frac{1}{4}$ taza de aceite de oliva
- $\frac{1}{4}$ taza de vinagre de arroz
- 5 cucharadas de azúcar
- 3 cucharadas de salsa de soya
- Sal y pimienta para probar

Direcciones:

1. En un tazón grande, agregue el repollo, las cebollas, las almendras, las semillas de sésamo y los fideos ramen.
2. En un tazón, combine un poco de sal, pimienta, aceite, vinagre y azúcar, mezcle bien.
3. Rocíe un poco de aderezo sobre la ensalada y revuelva para combinar.
4. Colóquelo en su refrigerador hasta que se enfríe.
5. Servir y disfrutar.

88. Sopa De Ramen De Cerdo

Porciones: 4

Ingredientes

- 3 cucharadas de aceite de canola
- 2-3 chuletas de cerdo, sin hueso
- sal y pimienta negra, al gusto
- 8-10 cebolletas, en rodajas, separadas en las partes verde y blanca
- 1 jengibre de 2 pulgadas, en rodajas
- 8 tazas de caldo de pollo
- 3 cucharadas de vinagre
- 2-3 paquetes de fideos ramen
- 2 cucharadas de salsa de soya
- 2 zanahorias, peladas, ralladas
- 2-3 rábanos, en rodajas finas
- ¼ taza de hojas de cilantro, picadas

Direcciones:

1. Calienta una cacerola a fuego medio durante 5 minutos. Agregue un poco de aceite y cocine la carne de cerdo hasta que esté completamente cocida, de 5 a 6 minutos por lado.
2. Sazónelo con sal y pimienta.
3. Transfiéralo a un plato y cúbralo con papel aluminio. Ponga a un lado durante 5 minutos.
4. En la misma cacerola freír la cebolleta con jengibre y cocinar durante 30-50 segundos.
5. Añadir un poco de caldo y llevar a ebullición.
6. Agregue los fideos y cocine por 2-3 minutos.
7. Agregue un poco de salsa de soja y vinagre.

8. Transfiera la sopa a tazones y cubra con carne de cerdo, hojas de cebollín, zanahoria picada, rábanos en rodajas y cilantro.

89. Sopa de ramen de carne fácil

Porciones: 2

Ingredientes

- Bistec de flanco de 1 libra
- 1 libra de Choy Sum, picado
- 4-5 dientes de ajo picados
- 3-4 cebolletas, blancas y verdes separadas, picadas
- 2 tazas de hongos Enoki, rebanados
- 1 pieza de jengibre de 1 pulgada
- 4 cucharadas de Demi-Glace
- 4 cucharadas de pasta de miso
- 3 cucharadas de salsa de soya
- 2 cucharadas de salsa Hoisin
- 2 paquetes de fideos ramen, cocidos
- 3 cucharadas de aceite de cocina

Direcciones:

1. Agregue un poco de aceite de cocina a un wok y fría el cerdo por ambos lados hasta que esté bien dorado. Retire del wok y reserve.
2. Agregue 5-6 tazas de agua, ajo, salsa de soya, Demi-glace, jengibre, champiñones, salsa hoisin, choy chum y cebolletas en una olla grande, cocine hasta que se ablanden.
3. Ahora, agregue la carne de cerdo frita y cubra con una tapa, cocine nuevamente durante 10-12 minutos.
4. Ahora, agregue el miso y los fideos, deje hervir nuevamente.
5. Sirva en tazones y cubra con hojas de cebolleta.

90. Ramen de sopa de pescado

Porciones: 2

Ingredientes

- 2 filetes de pescado medianos, cortados en rodajas de 2 pulgadas
- $\frac{1}{4}$ taza de cebolla tierna, picada
- 3 zanahorias, peladas, en rodajas
- 2 paquetes de fideos ramen
- 1 cucharadita de sal
- 4-5 dientes de ajo picados
- 2 cucharadas de aceite de cocina
- $\frac{1}{4}$ cucharadita de pimienta negra
- 4 tazas de caldo de pollo
- 2 cucharadas de salsa de soja
- 2 cucharadas de salsa de pescado

Direcciones:

1. Agregue el caldo de pollo, el ajo, el aceite de cocina, la sal y la pimienta a una cacerola y deje que hierva.
2. Agregue las zanahorias, cocine tapado durante 5-8 minutos a fuego medio.
3. Agregue el pescado, la cebolla y los fideos, cocine durante 3-4 minutos o hasta que estén cocidos.
4. Agregue un poco de salsa de pescado y salsa de soja, mezcle para combinar.
5. Servir caliente.

91. Sopa De Fideos De Camarones

Porciones: 1

Ingredientes

- 5-6 camarones
- 1 paquete de fideos, con especias
- $\frac{1}{4}$ cucharadita de sal
- 1 cucharada de aceite vegetal
- 2-3 dientes de ajo picados
- 2 tazas de caldo de pollo

Direcciones:

1. Calienta un poco de aceite en una cacerola y fríe un poco de ajo picado durante 30 segundos.
2. Agregue los camarones y saltee durante 4 minutos.
3. Agregue todas las especias, fideos y agua, hierva durante 3-4 minutos.

4. Poner en un tazón para servir.

92. Sopa de ramen con champiñones

Porciones: 2

Ingredientes

- 2 tazas de hojas de espinaca
- 2 paquetes de fideos ramen
- 3 tazas de caldo de verduras
- 3-4 dientes de ajo picados
- $\frac{1}{4}$ de cucharadita de cebolla en polvo
- Sal y pimienta para probar
- 1 cucharada de aceite vegetal
- $\frac{1}{4}$ taza de cebolla tierna, picada
- 3-4 champiñones, picados

Direcciones:

1. Agregue el caldo de verduras, la sal, el aceite y el ajo a una cacerola y hierva durante 1-2 minutos.

2. Ahora, agregue los fideos, los champiñones, la cebolla tierna, las espinacas y la pimienta negra, cocine por 2-3 minutos.
3. Disfruta caliente.

93. Sopa De Ramen De Champiñones

Porciones: 2

Ingredientes

- 2 tazas de champiñones, en rodajas
- 2 paquetes de fideos ramen
- 1 cucharadita de pimienta negra
- 2 cucharadas de salsa picante
- 2 cucharadas de salsa de soja
- 1 cucharada de salsa Worcestershire
- $\frac{1}{4}$ cucharadita de sal
- 3 tazas de caldo de verduras
- 1 cebolla, picada
- 2 cucharadas de salsa de chile
- 2 cucharadas de aceite de maní

Direcciones:

1. Caliente el aceite en una cacerola y saltee los champiñones durante 5-6 minutos a fuego medio.
2. Agregue el caldo, la sal, la pimienta, la salsa picante, la salsa Worcestershire, la cebolla y la salsa de soya, mezcle bien. Hervir durante unos minutos.
3. Agregue los fideos y cocine por 3 minutos.
4. Cuando termine, transfiéralo a un tazón para servir y cubra con salsa de chile.
5. Disfrutar.

94. Noodles & Albóndigas De Cerdo Con Microgreens

Porciones: 4

Ingredientes

Bolas De Cerdo Con Jengibre:

- 1 libra de carne de cerdo molida, criada de manera sostenible
- 1/4 cucharadita de pimienta blanca
- 1/4 cucharadita de azúcar
- 1/4 cucharadita de cebolla en polvo

- 1 cucharadita de sal kosher
- 1 cucharadita de jengibre, rallado
- 1 cucharada de chalota, picada
- 1/2 cucharada de cebollines, finamente picados
- 1 cucharada de aguacate o aceite de oliva

Fideos:

- 2 cucharaditas de jengibre recién rallado
- 1/2 cucharada de chalota, picada
- 3 cucharaditas de salsa de pescado
- 2 cucharaditas de vinagre de vino de arroz
- 4 1/2 tazas de caldo de verduras
- 1 tallo de limoncillo cortado en 4 secciones
- 1 cucharadita de ralladura de lima
- 6 onzas de fideos ramen
- 2 1/2 cucharadas de salsa de soya

- 2 cucharaditas de pasta de chile
- 1 taza de berros
- 1 pepino inglés, en rodajas finas
- Semillas de sésamo, para decorar

Direcciones

a) En un tazón mediano, agregue todos los ingredientes para las bolas de cerdo, además del aceite.

b) Combine los ingredientes con las manos, asegurándose de que los chalotes y las cebolletas se distribuyan por toda la mezcla.

c) Ponga un poco de aceite en sus dedos para ayudar a que la carne de cerdo no se pegue a sus manos. Pellizca una pequeña cantidad de carne de cerdo, haz una bola y reserva en un plato.

d) Rocíe aceite de aguacate en una olla grande, a fuego medio-alto. Una vez que el aceite esté caliente, agregue las bolas de cerdo, teniendo cuidado de no abarrotar la sartén.

e) Freír en lotes, hasta que las bolas estén doradas por todos lados, volteándolas una vez; unos 5 minutos. Dejar de lado.

f) En la misma sartén, agregue el jengibre y los chalotes. Agregue más aceite si la sartén está demasiado seca después de freír. Saltee hasta que esté fragante, aproximadamente 2 minutos.

g) Agregue la salsa de pescado y el vinagre, revolviendo durante 1 minuto.

h) Agregue el caldo, la hierba de limón y la ralladura de lima. Revuelva y lleve a fuego lento. Agrega las bolas de cerdo. Tape y deje hervir a fuego lento durante unos 10 minutos.

i) Destapar y llevar a ebullición. Agregue los fideos ramen y hierva 5 minutos.

j) Mientras tanto, en un tazón pequeño, mezcle el sambal oelek y la salsa de soya. Agregue a la olla, revolviendo suavemente. Retire la hierba de limón de la olla y apague el fuego.

k) Agregue el berro, revolviendo suavemente, dejando que se marchite.

l) Sirva los fideos en tazones poco profundos, dividiéndolos en partes iguales y agregando caldo adicional a los tazones.

m) Cubra con pepinos, semillas de sésamo y ramitas adicionales de berros, si lo desea.

POSTRES

95. Ramen Con Sirope De Chocolate

Ingredientes

- 1 taza de azúcar moreno
- 1 paquete de fideos ramen
- 1 cucharadita de vainilla
- 2 tazas de agua
- 1 taza de sirope de chocolate
- Azúcar glas (opcional)
- Cobertura batida (opcional)

Direcciones-

1. Pon agua a hervir en una olla mediana. Agregue 1 paquete de fideos ramen. Guarda el condimento para otro día. Agregue 1 taza de azúcar moreno. Espere 10 minutos revolviendo ocasionalmente.
2. Drenar el agua. Vuelva a poner la olla a fuego medio y agregue 1 taza de jarabe de chocolate y 1 cucharadita de vainilla.

3. Revuelva ocasionalmente. Después de esperar 5 minutos, retire del fuego y póngalo en el refrigerador durante 1 hora. Sirva y cubra con azúcar impalpable y/o cobertura batida.

96. Ramen con salsa de fresa

Ingredientes

- 1 paquete de fideos ramen (menos el paquete de condimentos)
- salsa de fresa (como si fuera un helado)
- 1 botella de miel
- 1 pizca de canela
- 1 pizca de azúcar
- crema batida, de una lata o Cool Whip, es lo mejor.

Direcciones

1. Cocine el ramen según las instrucciones del paquete.
2. Desagüe.
3. Coloque los fideos en el refrigerador hasta que se enfríen.
4. Retire de la nevera y coloque en un plato.
5. Agregue tanta miel como desee, use una botella exprimible para esto.

6. Espolvorear un poco de canela y azúcar.
7. Agregue una llovizna de salsa de fresa.
8. Cubra con abundantes cantidades de crema batida y una llovizna más de salsa de fresa para darle color.
9. ¡Disfrutar!

97. Barra de fideos ramen crujientes

Ingrediente

- 6 cucharadas de mantequilla salada
- 7 do. malvaviscos en miniatura
- 1 cucharadita de extracto de vainilla
- ⅔do. mantequilla de maní cremosa
- 4 fideos ramen (de 3 onzas cada uno), secos, sin condimentos y partidos
- 3 c. cereal de arroz crujiente
- 1 c. chips de chocolate semidulce

Direcciones

1. Rocíe un molde para hornear de 9x13 pulgadas con spray antiadherente. Dejar de lado.
2. Derrita la mantequilla en una cacerola grande. Agregue los malvaviscos y revuelva hasta que se derrita y esté suave. Agregue el extracto de vainilla y retire del fuego.

3. Agregue la mantequilla de maní a la mezcla de malvaviscos. Incorpore los fideos ramen secos y el cereal hasta que estén bien combinados. Presione la mezcla en el molde preparado. Enfriar 15 minutos.

4. Derrita las chispas de chocolate en el microondas hasta que se derrita y quede suave. Rocíe encima de las barras. Cortar en 24 barras.

98. Pajares de ramen Buckeye

Rinde 12 racimos

Ingredientes

- 1 taza de mantequilla de maní
- 8 onzas de chispas de chocolate negro o semidulce
- Paquete de ramen de 1 a 3 onzas, cualquier sabor, deseche el paquete de sabor

Direcciones

1. Rompa el ramen en trozos más pequeños y reserve.
2. Coloque papel encerado en una bandeja para hornear y reserve.
3. En una cacerola mediana a fuego lento, combine la mantequilla de maní y el chocolate y revuelva con frecuencia hasta que se derrita y esté suave.
4. Agregue las piezas de ramen y revuelva para combinar y cubrir por completo.

5. Retirar del fuego y dejar caer una cucharada colmada sobre una bandeja para hornear preparada.
6. Llevar a la heladera para que cuaje por completo. ¡Entonces disfruta!

99. Galletas de fideos ramen

Sirve 2

Ingredientes

- 3 paquetes de fideos ramen de cualquier sabor
- 1 paquete de chispas de chocolate blanco de tamaño regular
- 2 cucharadas de mantequilla
- 1 paquete de m&m's tamaño regular
- 1 taza de pasas

Direcciones

1. Coloque un trozo de pergamino o papel encerado en su área de trabajo.
2. Rompa los fideos ramen en trozos pequeños y colóquelos en un tazón. Deje los paquetes de sabor a un lado para otro uso.
3. En una sartén agregue la mantequilla y deje que se caliente hasta que esté de

color marrón claro. Agregar los fideos hasta que se doren todos

4. Derrita su chocolate blanco en el microondas o en una parrilla doble hasta que esté suave y pueda combinar los otros ingredientes.

5. Agrega las pasas, los m&m's y los fideos y combina bien con el chocolate blanco.

6. Deje caer la mezcla por cucharadas sobre el trozo de pergamino o papel encerado y deje reposar hasta que la galleta se endurezca y luego guárdela en un recipiente fresco y seco.

100. helado-frito-ramen

Ingredientes

- 1 paquete de fideos ramen, cualquier sabor
- 8 bolas de helado de vainilla, cantidad dividida
- 1/4 taza almendras, finamente picadas
- 1/2 taza de miel de abeja
- 4 cucharadas de sirope de chocolate
- Crema batida, opcional
- 2 cucharadas de mantequilla
- helado-frito-ramen

Direcciones

1. Caliente la mantequilla en una sartén pequeña y agregue los fideos ramen secos y triturados. Saltee el ramen hasta que esté crujiente y ligeramente dorado.
2. Reduzca el fuego ligeramente y agregue miel al ramen salteado, revolviendo

suavemente hasta que comience a burbujear. Añadir las almendras finamente picadas. Vierta sobre 4-6 tazones, cada uno con bolas dobles de helado de vainilla.

3. Rocíe cada "Helado frito" con 1 cucharada de jarabe de chocolate. Agregue una cucharada de crema batida en la parte superior y sirva de inmediato.

CONCLUSIÓN

¡Qué viaje! Saber comidas japonesas increíbles a la vez valió la pena... y si planeas organizar una fiesta con un tema asiático, es un buen momento para comenzar a practicar tus habilidades culinarias asiáticas y estar orgulloso de ti mismo. Así que siéntete libre de probarlos uno por uno y recuerda contarnos cómo te fue.

La cocina japonesa es conocida por su variedad de platos y su amplia combinación de especias raras que generalmente se cultivan solo en Japón.

¡Feliz cocinando comida japonesa!

CPSIA information can be obtained
at www.ICGtesting.com
Printed in the USA
LVHW080757130422
716028LV00009B/460

9 781804 652695